自律的你真美

「また、やっちゃった···」あなたのためのこんどこそ! やめる技術

无惧旁人目光，
让自律成为你最闪耀的高光。

[日]美崎荣一郎 —— 著

严可婷 —— 译

四川文艺出版社

图书在版编目（CIP）数据

自律的你真美 /（日）美崎荣一郎著；严可婷译
. -- 成都：四川文艺出版社，2020.10
ISBN 978-7-5411-5802-5

Ⅰ . ①自… Ⅱ . ①美… ②严… Ⅲ . ①自律 - 通俗读
物 Ⅳ . ① C933.41-49

中国版本图书馆 CIP 数据核字 (2020) 第 172764 号

版本登记号：图进字 21-2020-338 号

"MATA, YACCHATTA…"ANATA NO TAME NO KONDOKOSO!YAMERU GIJUTSU
by Eiichiro Misaki
Copyright © Eiichiro Misaki 2010
Illustrated by Yuki Kitamura
All rights reserved.
Original Japanese edition published by ASA Publishing Co.,Ltd.,Tokyo.

This Simplified Chinese language edition is published by arrangement with
ASA Publishing Co.,Ltd.,Tokyo in care of Tuttle-Mori Agency,Inc.,Tokyo
through Rinch International Co.,Ltd.,Beijing.

ZILŪ DE NI ZHENMEI

自律的你真美

（日）美崎荣一郎　著

严可婷　译

出 品 人	张庆宁
选题策划	北京斯坦威图书有限责任公司
编辑统筹	李佳铌　张其欣
责任编辑	金炀淏　叶　驰
封面设计	WONDERLAND Book design 仙境 QQ:344581934
责任校对	汪　平

出版发行　四川文艺出版社（成都市槐树街 2 号）
网　　址　www.scwys.com
电　　话　028-86259287（发行部）028-86259303（编辑部）
传　　真　028-86259306

邮寄地址　成都市槐树街 2 号四川文艺出版社邮购部 610031
印　　刷　天津旭丰源印刷有限公司
成品尺寸　130mm × 184mm　　　　开　本　32 开
印　　张　7　　　　　　　　　　　字　数　110 千字
版　　次　2020 年 10 月第一版　　印　次　2020 年 10 月第一次印刷
书　　号　ISBN 978-7-5411-5802-5
定　　价　45.00 元

明明知道这样做不好……

你这个笨蛋！

怒

真对不起……

今天还是
就这么过了……

啊
…………

POTATE CHIPS

但是……

这样下去，
真的可以吗？

别担心，你也可以改变自己！

"啊！又出错了。"

你是不是常常会后悔呢？

是否昨天才发生过类似的状况呢？

虽然明明知道有些习惯不好，但还是很难改变。

你想不想找机会打破这种魔咒呢？

这本书正是专门写给想要戒掉坏习惯的人，书中提供了许多轻松、渐进的诀窍。

首先你可以浏览一下目录页。

如果有"这说的不就是我吗"的感觉，这本书可能会对你有帮助。

插图中登场的是猎豹与小熊（或称猎豹先生与小熊先生）。

在读这本书时，你会觉得猎豹似乎是个比较成功的角色。

但其实他以前跟小熊一样有许多弱点，也是个"不中用"的人。

我自己也跟小熊一样，经常一再重蹈覆辙，有许多摆脱不掉的坏习惯。当然，我也有崇拜的对象，他们就像猎豹那么优秀。

我一边模仿前辈一边努力，希望能渐渐把"坏习惯"变成"好习惯"。

习惯是不会立刻改变的。即使有心想改，还是很容易故态复萌。

如果遇到这种情形，请把这本书从书架上拿下来，重新再读一次吧。即使坏习惯又犯了，只要你下定决心反省，还是可以改变自己。

为了让读者能反复阅读，我尽可能让这本书的内容简单易懂。你只要发现自己"啊，又犯错了……"，就可以再读一次。你只是需要一个"契机"促使自己反省。

或许某些句子像在你的心上扎了一针，看起来特别讽刺，那正是促使你改变的机会。

要不要趁这个机会，丢掉你的坏习惯呢？

接下来，让我们开始吧！

目　录

第二章

生活中自律，每天都元气满满

第三章

关系中自律，自然收获好人缘

第四章

思维上自律，人生从此所向披靡

结语

第一章

工作中自律，
效率快人一步

几个小方法，让桌面永远保持整洁

从桌面到抽屉，通通乱成一团，这是许多上班族常见的毛病。

"那份资料到哪里去了？""哎呀，找不到今天申请要用的表格啦！"如此一来，光找出要用的东西就花掉不少时间。许多传授收纳技巧的书都说：找东西最浪费时间。

话虽如此，对许多不擅长整理的人，维持桌面清爽真的很难。

为什么你不能维持整洁的办公桌呢？因为混乱正是忙碌的象征，你根本来不及整理，就必须投入新的任务。于是不知不觉，就陷入了"忙碌→没空整理→工作效率降低→更加忙乱"的恶性循环。

要斩断这种恶性循环，请试试看"将桌面归零"！

把桌面上及四周堆满的杂物，全部毫不犹豫打包装进纸箱或纸袋里吧！看，这不就一下子收拾好了。

咦？这样真的可以吗？别怀疑，这是应急的方法。只要把你现在用不到的东西挪到视线范围以外，就能提升工作效率。

当桌上东西七零八乱时，要用的文件或工具常被淹没不说，还得花时间找。现在，如果你还是需要这些东西的话，再从箱子或袋子里把它捞出来吧。

或许有人会觉得：翻箱倒袋也要花时间，这跟搜索乱七八糟的桌面也差不了太多。但是现在你可以一眼看到待处理的急件、随时要查阅的资料，效率肯定会迅速提升。

原先堆在座位周遭的东西，不是每样都要留着不可。七天内一次都没用过的东西，根本不必放在桌上。

你可以定期检查，留下最近要用的东西，然后再考虑如何排列它们。

接下来要教你"归位的方法"。选好要留在桌上的东西之后，很多人会全部都摆回去，正好塞得满满的，这可不行。要记住：刚整理完，桌上只能摆到八分满。不论书架或抽屉，最好也都维持约 80% 的密度。如果一开始就把桌上和抽屉塞满了，后面新东西陆续加入时，根本没地方放，更不必说什么收纳或整理了。请谨记"以 80% 为原则"，因为新东西增生的速度非常快。

再来是"固定放东西的位置"，这点非常重要。如果你养成习惯，笔放这里、橡皮擦放那里，选好惯用的位置，就能轻松拿到。

让我们把桌面想象成井然有序的棒球场，别让它变成球员满场跑的足球赛；决定好守备位置，一垒手在一垒，三垒手在三垒。把最常用的东西放在固定的地方，你也可以成为掌控桌面秩序的名教练。

想铲除座位四周的"小山"……

咚!

桌面归零!

预留 20% 的空间!

还来不及整理，新的任务就来了……

桌面上的"档案山"
就是这样形成的。

这是新策
划案的资
料，拜托
你喽!

好忙好乱

新形成的
"山"

一团乱

我看不到前面了……

从前累积的
"山"

堆积如山的档案资料，
就用"归零与 80% 法则"
来解决!!

005

不沉醉于过去，未来才会更轻松

人都会记得好的事情。

因为过去一帆风顺，回想起来就会觉得很愉快。但如果你缺乏自觉，便会很容易沉醉过去，不再进步。

咦，难道有自信不好吗？

其实人很容易不知不觉沉醉在从前的丰功伟业之中。环顾你的四周，说不定就有这样的主管或资深同事，总爱强调过去的作为，说当年如何如何……

尽管当事人没有炫耀的意思，但旁边的人会觉得"又在旧事重提"。如果你会不自觉常回想以前的事迹，一来表示你还在留恋过去，二来也暴露出你的心思不在当下。你我其实都一样，很难察觉自己的问题，所以更要留意才行。

记住：当新机会来临时，不要用以前的方式来应对。过去能够顺利完成某件事，一定是由于某些因素，譬如时机良好、获得人们的协助，等等。

最好先试着列出过去的"成功要素"，然后再想想是否也有其他"失败因素"。

譬如谈恋爱，"成功要素"与"失败因素"可能有这些：

- 在看得到海的餐厅告白，对方答应交往。
- 曾经很开心地共享意大利菜。
- 有次约在车站，但人潮汹涌，彼此错过，没见到面。

先把各种因素列出来，然后才能推敲成功与失败的真正原因：

- 因为在清静且景色优美的地方告白，所以比较顺利。
- 正好有对方爱吃的海鲜料理。
- 因为不知道对方的手机号码，所以无法及时联系。

你看，如果以这个方式重新思考，就会知道：即使每次都选同一家餐厅告白，也不一定会成功；就算地点都一样，对象也不同。

既然条件不同，从前的方法当然不适用。你应该试着分析过去，找出其中的普遍性原则，或是为了配合现状，应该要做哪些调整等等。请好好思考哟。

譬如事先调查哪间餐厅比较安静，一开始先问清楚对方爱吃什么，记下手机号码随时保持联络等，都是避免失败的方法。

什么？你说过去从来没有什么特别的成功经验吗？

没问题，这样一来就完全没有包袱，只要准备迎向成功就行了！

不要只照以前的经验做……   **应该找出其中的"成功原因"。**

回想那次约会……

顺利的部分
• 她对餐点很满意
→ 她喜欢法国料理

不顺利的部分
• 送了对方不喜欢的礼物
→ 应该事前问清楚才对

如果过于依赖以前的经验……   **状况一改变，可能会失败！**

上次很顺利

打击

啪嗒

非常抱歉。

要找出成功与失败的
真正的原因！！

学会利用空档时间，告别"时间不够用"

很多人都会觉得"时间不够用"，因此常听别人说，"一定要妥善利用零碎的时间。"

要想有效利用时间，首先要预测"自己多半在什么时候会有空档"。

譬如说开会，我预测在会议开始前，大概有十分钟的空档，因为我的部门主管通常会迟到五分钟。那我就早点进会议室，在会议开始的十分钟前准备接下来的新工作。

如果主管比预期来得早，会议就可以提前开始；要是来得晚，我就继续准备资料。不论是哪种情形，都很有建设性。（笑）

假设有别家公司的人要来谈公事，有时对方可能会晚到，或是谈得比预期久一点。在会谈前后，我都会预留缓冲的时间，这也是一种"空档"。所以每次要谈生意时，我就能知道那天会剩些零碎时间可以运用。

要是对方迟到很长时间，我也不会放任自己干等，这种时候可以做些简单的工作，譬如浏览杂志摄取新知、上网查资料等。

所谓的"空档"，并不适合用在需要高度专注或是有始有终的工作上；它比较适合处理"中断也无妨"的琐事。

等公车或地铁的时间，大约都是五分钟，这也是很不错的零碎时间，你可以充分利用。

我的个人习惯是拿出公文包里的书阅读，等车正是读书的好时机。这样一来，每天就有固定的阅读时间。

如果转车两次就有十分钟空档，往返就等于二十分钟。读书速度快的人，一周之内就能读完一本书。一年累积下来，就能读将近五十本书。

"空档"通常是伴随着"等待"而生。打开你的行程表，妥善安排原本消磨在等待上的时间吧，等人、等车……这些都是属于你的"空档"。

不论是大忙人，还是悠哉度日的人，一天都是二十四小时。在会议室等待的五分钟，或是早上慌慌张张急着出门的五分钟，价值都是相同的。

能否有效运用每个人都公平拥有的二十四小时，关键在于你是否能意识到生活中隐藏的空档，并加以妥善安排。

"空档"无法用一句话涵盖与解释，你必须预测自己什么时候会有空档，用短时间就能完成的事情充实这些零碎的时间。

比起浪费金钱，我们更容易漫不经心地浪费时间。在同样的时间内，有些人也许真的可以成就些什么，但有些人也可能无所事事就这样度过了。

只要预测自己什么时候有空档…… **就能灵活运用时间。**

利用等车时间

不好意思

我们开始吧!

主管每次开会都晚到

可以趁机准备接下来的工作…… 也可以读书……

如果不好好安排…… **时间会在心不在焉中流失。**

上司好慢啊……又迟到啦?

今天中午要吃什么呢?

先去喝一杯,再回家吧……

放空

> 先想想你的空档
> 大概分布在什么时候!

不给自己设限，你的潜力就是无限

当你在看奥运比赛的时候，是否会被选手们的表现震撼，并且深受感动呢？

我不禁好奇，为什么各项世界纪录总是能够一再刷新？明明我们总会觉得，人应该不可能会游得更快、跑得更快了吧，这大概就是人类的极限了吧。但记录却总是一再更新，这究竟是什么原因呢？

或许从朝日电视台[1]转播的奥运主题曲中，可以找到答案。

谢谢 谢谢

……

---

1. 日本一家著名的电视台。

在持续迈向的远方

我想体验前所未见的风与光

即使那里空无一人

只要遥想着你　就无所谓

……

试着开启门扉

纵使门后谁也不在

　　前所未见的风与光。前人无法达到的纪录，就像渺无人迹的境界。打开那扇门的关键，正是自己的决心。

　　只要相信"我可以超越现在的自己"，就能迈向前所未有的境界。纪录与对手无关，而是超越自己的界限。运动选手不断努力超越自己的身影，总是令我们深受感动。

　　小时候大家常会觉得"我什么都会"，对自己的潜力深具信心；长大后却常觉得"我做不到"，并且时常放弃。人总是有各种各样的理由，很容易觉得自己能力有限。

但事实并不是这样，你其实潜力无穷。

譬如说我吧，我一直都有个愿望：总有一天要出书！我还在当上班族的时候，觉得自己根本不可能写书。我既没有人脉，也不认识出版界的人，更没有时间……上述种种理由，就是"自我设限"的框框。

不过，世界上没有不可能的事情。只要朝着"写书，然后出版"这个目标前进，许多帮助我实现梦想的人，就不可思议地陆续出现了，于是造就了现在的我。承蒙大家的帮助，包括这本书在内，我已经写了六本书。如果我做得到，你一定也可以。

真正怀抱梦想的人，会相信"我办得到"，并且竭尽所能去尝试。如果遇到挫折，就想想那些努力超越自己、不断刷新纪录的奥运选手吧。

你一定会感觉得到：在某个瞬间，你终于突破了自己的极限。

只要不自我设限…… 就能朝梦想更近一步。

成为作家

××方法

我一定可以!

猎豹新书出版发表会

掌声鼓励

如果局限在自己的框框中…… 什么都不会发生。

成为作家

唉……

不可能啦,而且我还要上班……

是猎豹前辈!!

不要给自己的能力设限!!

把事情交给对的人去办，效率会明显提升

凡事亲自出马，表现出你在工作上处处慎重的心态。

但是，有时也要退一步想想：你可以将这件事委托他人吗？谁能胜任这份差事？

你可能会想：田岛前辈应该可以，但是对于年轻的川上或许有点难……

实际上最重要的并非真的拜托谁去做这件事，而是如何考虑委托的对象。

考虑委托的对象时，首先要将对方"能不能做到"作为先决条件。其次是，亲自委托他人，设定所能达到的质量与时间、范围等，也就是比较自己跟对方的能力与程度。

这种"分辨等级"的思考方式非常重要。正好你也可以借此检视自己的能力与程度。

你是否常会连可以让别人帮忙的工作，都自己一起处理了呢？

向来受人尊敬的田岛前辈，通常处理的是较高层级的工作。那么，如果让你也试着经手比较难的工作，又会如何呢？

其实，这就是你要减少自己手上"由后进同事来执行也没问题的项目"，并尝试下个阶段要胜任的工作。如果不这么做，你永远都无法拉近自己与资深同事在工作能力上的差距。

如果是凡事都叫别人去做的人，我反而建议你要亲自处理各项事务看看。即使涉及的程度不深，还是多少尝试一下。

如此一来，你会发现自己其实也有不会的地方，再次试做的时候，也会有不同以往的新发现，例如"这样讲比较好懂"等，你会更清楚如何教导新进同事。

工作事必躬亲或全部委托他人，都是较极端的情形，但无论哪一种，都有不经深思熟虑就执行工作的倾向。

其实这正是工作中最危险的状况。

换句话说，就是你已经把工作"流程化"。你潜意识中认为，如果能掌握到某些规则或节奏，工作或许更容易照计划进行。

凡事照计划进行，固然容易掌握，但也会比较缺乏发展性。因为你不会去思考"怎样做更有效率"。

"凡事自己来"这件事本身问题不大。真正的问题在于：不经思索，没有去想工作究竟是什么，只是一味执行。

凡事自己来的人…… **请试试看把工作委托他人。**

习惯依赖别人的人…… **请自己动手做做看。**

试试看评估自己
与他人的能力！！

开始做事前，最好的方式是参考成功的案例

"我是第一！" "我还蛮有魅力的喔。"

像这样，在工作岗位上坚持自我的人其实不少，我自己以前也是。现在回想起来，觉得当时的自己真是不知天高地厚。

手机或电器会附上说明书，但职场却没有教学手册。因此，很容易照着自己的方式去做事。如果没有明确的规则，当然也只能以自己的风格工作。

虽然我目前仍以自己的方式行事，但已经是"稍微修正后的原则"。

重点如下：

想想之前是否做过"类似的工作"，巧妙地融入自己的风格。

虽然之前可能没人做过完全相同的事情，但是通常已经有人做过类似的工作。数量之多，可能超乎你的想象。

所以在你开始一个新工作之前，应该先打听看看以前是否有过类似的案例。但我的意思并不是直接照抄，接下来就让我说明其中的差别。

譬如在刚开始计划写这本书的时候，我会先读读看其他关于"如何改变坏习惯"的书。

读了这些书之后，我就大致了解这类书多半采用说教的方式："因为我可以，所以你也应该做得到。"不然就是恫吓读者："如果再继续这种坏习惯，后果将难以想象！"

这两种说法的确都有些道理，共通的是从"习惯的坏处"讲起，接着再继续铺陈。

而这本书则是假设"读者知道哪些坏习惯最好要戒掉"的前提下，由作者提出"改变习惯的方法"。

对于"明知故犯"型的读者而言，说教或恫吓其实没有太大用处。我打算只点出问题在哪儿，稍微开开玩笑，提供读者参考，接下来就让大家自己检讨了。再来向读者指出"其实也有这样的方法喔",希望制造让大家渐渐改变坏习惯的机会。

世界上大多数的人,都不是一开始就以自己的风格行事。一开始就坚持己见,很容易犯错,因此最好是参考类似的成功案例。接下来,才是发挥自己创意的阶段。

也就是将他人的成功经验,巧妙融入自己的行事风格中。

不论对于渴望成功的读者,或是像我这种普通人而言,世界上都有无数值得参考学习的线索。首先,先找出类似的案例,从中撷取经验吧。

如果真的照自己的作风行事,也都处理得不错,那您一定是相当杰出的成功人士吧……什么,不要说让人反感的话?咦,我碰到你的痛处了吗?(笑)

模仿以往类似工作的做法…… **再从中找出属于自己的风格。**

 A 先生是……

关于这份工作……

 如果是 B 先生的话……

那本书教的是……

如果一味坚持己见…… **工作怎么做都做不完。**

个人风格是最重要的！！

呜…… 做不完……

真正的个人风格，是从模仿开始！！

回复信息，最好能速战速决

电子邮件已经成为现代生活中不可或缺的一部分。

但有时候不知道该如何迅速回信，也很令人烦恼。尤其遇到特别重要的信，虽然心里在意，但迟迟不敢回应，只能把邮件开了又关、关了再开……徒劳虚耗时间而已。

其中最常见的是，犯错后必须寄的道歉信。通常遇到这种状况，下笔会变得很困难。

像是工作的期限延误了、不小心重复安排会面时间等。

碰到这些情形，因为已经没有办法补救了，最好尽早写信道歉。

无论你反复考虑也好、烦恼也好，答案只有一个。

就是诚恳地说："真的非常抱歉！"

如果连道歉都拖拖拉拉，恐怕给人的印象只会更差。

那么，要怎么把"真的非常抱歉"真诚地传达给对方？

我的做法是：绝对不找任何理由或借口。

千万别说什么让人听不下去的借口，最重要的是好好表达"我想要向您道歉"这件事。

缺乏说服力的理由，无疑是火上浇油。

犯错的时候，你的心里应该是急着想道歉："哎呀，我搞砸了，真抱歉。"没错吧？

请把这样的想法明确告诉对方，并询问："现在有什么我能帮得上忙的地方吗？"

你担心道歉之后会遇到招架不住的难题吗？别害怕，只要你以谦逊的态度面对，应该不会有人故意刁难。

别再烦恼了，试着与对方沟通看看吧。

对方原本处于"盛怒"的状态，如果你让对方转而思考"为了补偿，有什么可要求的？"他们的想法会有所转变，心情也会稍微缓和一些。

不论自己有多懊恼，只读信也解决不了问题。不要解释理由，先道歉，接着询问"有什么我可以帮得上忙的地方吗"。

只要及早回复，双方的压力都不至于持续累积下去，这种方法真的比较妥当喔。

如果出错……"道歉＋我能为你做什么"，立刻回信。

两个人约在同一个时间！！

A 先生　啊！　B 先生

> 这次真的非常抱歉，造成您的困扰。为了向您赔礼，请问有什么我能效劳之处？

咔嗒咔嗒

咔嗒

- -

如果出错……　"找理由"跟"延迟联系"都是大忌。

两个人约在同一个时间！！

A 先生　　B 先生

啊！

> 找个"祖母病危"之类的理由会比较好吗？

> 对方一定会很生气……怎么办呢？

呜

> 道歉信要尽快寄出！！

实在不想工作时，学会转换工作方式

每个人都有缺乏动力的时候。通常压力越大，越提不起干劲。

在大人的世界里，可不能随便说：既然这样，这种让人碰都不想碰的工作，干脆别做了。

我的秘诀是："觉得自己实在做不出来的时候，就暂时先放着吧。"

如果你觉得勉强，再怎样都还是觉得勉强。不如在时机来临前，先放松一下，等斗志渐渐提高吧。

如果时间还充裕，的确可以这样做，但如果遇到很急的工作怎么办？

针对这样的状况，我有两个秘诀。

第一个是先花"五分钟"做这份没兴趣的工作。听

好咯，只要五分钟就好。

过了五分钟后，如果不想继续也没关系。先设定好时间，好了——结束。就像讨厌牛奶的小朋友，捏着鼻子一口气把牛奶喝下去。讨厌的事情如果只是做一下，大概都还可以忍受。所以花五分钟试试看，到底可以做些什么。

如果试了五分钟后觉得顺利，就继续做。一旦设了时间限制，就会觉得过得特别快。说起来，这也是人不可思议的地方。

要是五分钟到了，觉得撑不下去，至少自己也尽力了，接下来就可以花三十分钟做自己感兴趣的工作；之后再花五分钟，挑战原先不想做的工作……就这样交替进行。

另一个秘诀是，先做自己感兴趣的事，提高工作意愿，然后再立刻换成不喜欢的工作。

譬如在进公司前，如果觉得自己缺乏斗志，可以戴耳机先听五分钟的音乐，振奋心情。但不是在通勤时一直听，是在进公司五分钟前才开始听。

这样，不知不觉开始有些奋斗向前的动力了！就趁着这个时候，挑战之前没兴趣的工作吧。如果你不喜欢音乐的话，漫画、小说、动画也都一样有效！事先准备好某种能提振精神的爱好吧。

也有人是先做能激励士气的工作，然后再做比较不喜欢的工作。这么一来，趁状况顺利的时候，就完成棘手的工作了。

究竟要一点一点慢慢进行不喜欢的工作，还是趁自己充满斗志的时候，转换工作内容呢？不管你选哪一种，都一定得完成，不如选择轻松的方式吧。你往往会惊讶："啊？就这样完成了呀！"

觉得对工作缺乏斗志的时候……

好！ 5分钟

〇〇 商业

或者

无论如何先试"5分钟" 做喜欢的事情
提振精神。

缺乏动力加上拖拖拉拉…… 怎么做都做不完。

唉…… 提不起劲…… 啊！ 来不及了！！ 咔嗒 咔嗒

秘诀：每次做一点点
或提振精神后
转换工作项目！！

先定小目标，成功需要打好基础

"因为我很强，所以不管任何目标，我都能达成！"

这种心态如果只是自我激励而产生的错觉，那倒还好，但在现实生活中恐怕根本行不通。

如果在未经调查的情况下，就要贸然攀登珠穆朗玛峰，只是自寻死路而已。所谓"攀登珠穆朗玛峰"，意味着要用自己的脚从平地一直走到飞机航行的一般高度。

用这么极端的例子来说明，或许更能引发各位的思考。

如果把刚才说的珠穆朗玛峰改成"目标或结果"，结果会如何呢？你真的能获得伟大成就吗？

不论你想爬什么样的山，实现什么样的目标，原则其实都一样。

为了达成"攀登高峰"的目标，首先一定要打好基础。

在登山之前，要先经过训练，然后循序渐进往上爬。基础真的很重要，你必须要有这样的认知。

如果花点时间看杰出人士的电视访谈或纪录片，你自然就会明白，也会觉得很真实。目标远大的人，都是扎实地从基础开始不停磨炼，正因如此，这种节目通常特别感人。

现在，把焦点转到你的身上。接下来我要传授迈向成功的秘诀。

请试着想象你终于达成了远大的目标，周围人们向你喝彩的动人画面。

没错，就是先想象属于你自己的纪录片。

我在做重要的策划案时，总是会先想象大功告成的画面。然后为了真正体验成功的滋味而工作。

除了获得成功时的动人场景，当然也有之前踏实努力的时刻。请想象一下，你在目前的工作上耗费了多少心血。

也许要跟频率不合的人一起工作，或是忍耐单调枯燥的部分。

如果冷静下来想想，就知道打基础很费力又不起眼，却是必要的工夫。人不可能只做过几次俯卧撑，就妄想不费力地一路冲到山顶；但持续练习俯卧撑，就可以锻炼出登顶所需的耐力跟体能。总有一天，成功会悄悄降临！

为了实现目标…… 首先是想象"你自己的纪录片"。

超越困难……

呜

历经挫折

与背叛……

最后是
感人肺腑
的画面。

好高骛远，只想获得伟大的成就…… 半途就失败了。

啦啦
啦啦 ♪

成果

➡

滑落

成果

不要过度
高估自己的能力！！

做好工作笔记，有一天会派上大用场

凡事都想靠自己的记忆力，不做任何笔记，已经是过时的方法了。这种记法其实还蛮浪费脑力的。

"去帮我买两瓶牛奶、一串香蕉，再加上十六支铅笔！"

如果你被派去买东西，当然是把项目写下来比较省事。各位应该也写过备忘录吧！学生时代准备考试时，有些人不擅长背诵，就会整理重点笔记。

先写下购物清单的原因在于，这只是一时要用的东西，就算背下来，以后也派不上用场。记忆还要费脑力，写下来其实更快。

工作中也是一样。但是，工作时不随手做笔记的人其实很多。

刚听完主管的说明，明明爽快地应道："我知道了！"结果后来又忘了。这样的情况不在少数。

像这种记不清楚的状况，完成的效果顶多只有 80 分。**与其靠记忆力得到 80 分，不如对照笔记，追求 100 分的效果。**

如果写好笔记，就算忘了也没什么大碍。工作时，大量信息不断涌入，有很多事你在短时间内非记住不可。但是你的记忆力已经不像年轻的时候那么好，在明明不需要背的事物上费脑力，其实也很痛苦。

前辈的建议、工作上需要注意的地方、要买的东西、忽然想到的点子、想吃的菜等，你都可以全部写下来。很多事情其实都可以忘记，但是笔记在日后却能派上用场。

只有一点你要留意。

那就是：**所有笔记要写在同一位置上。**要让书写的习惯单一化。

如果到处记，最后你会忘记自己到底写在哪里，因此一定要先固定记录的地方。

就像报纸上的电视节目表总是刊登在固定的位置、

书籍的目录也都安排在最前面，写备忘录最好也能养成习惯，并牢记在心。

只要选定好备忘录惯用的形式或位置，找起来就会很轻松。

用手机记也好，用计算机记也可以，反正秘诀就是，一定要百分之百记在固定的地方。

针对稍后仍需记得的事项…… **就先写下来！！**

今天回家路上要买的东西。

要改成五千。

K公司的订量。

好！

灵感

计算机也好，手机也好，只要选定一种写备忘录的固定方式。

购物清单：土司、牛奶

好！

灵感：○○可以用△

K公司订量：四千改成五千

即使自以为记得…… **之后可能全忘了。**

知道了。

12日下午2点，约在有乐町中心大厦前！

30分钟后……

咦？好像是14号吧？

"我一定会记得"这种信心根本不可靠！！

当面沟通，会获得捕捉人心微妙变化的机会

电子邮件真的很方便，即使没碰到面，依然可以传达信息。因此，借由通信完成工作的比例也逐渐增加，连电话都越来越少打了。

大家的确很在意沟通的"速度"，然而"质量"又变得如何呢？

我在跟人互动时，可以感受到对方的工作态度，所以当面洽谈是最好的沟通方式。

写电子邮件时无须考虑到对方的反应，其实比较容易。当然，收到回信时总会知道答复，但多半只是单方面传达指示或命令。尤其当自己是上级或地位较高的时候，更是如此。

在见面时，可以看得到对方的表情；如果打电话，

也可以透过沉默等反应，得知对方的心情。**所以当场沟通互动，才有捕捉人心微妙变化的机会。**

在工作上尤其如此。实际上碰不到面的人很多。你曾见过几位往来客户的上司或同事呢？

如果没有上述这些人的协助，工作不可能完成。因此直接面对面沟通，是非常重要的一环。

我会尽可能与合作对象见面，写这本书时也不例外。因为有编辑、插画家、书籍装帧设计、业务人员合力协助，这本书才能送达各位手中。而我担任作者撰写内容，只是在整体工作中负责其中的一部分而已。

因此我会找机会跟相关的全体工作人员见面。虽然写电子邮件一样也可以联系，但真正见过面之后，会对一起工作的人留下印象，再读信时会更容易解读对方的意思。譬如，对于简短的信不会解释为"冷淡"，而是想成"对方一定很忙吧"。

如果是工作上往来的公司，要主动跟承办人员打招呼。只要想约会面，应该就能见到面。如果见面实在有困难，至少也可以打电话说声："这件事还请多费心，拜托您了，谢谢！"

如果能跟客户的主管谈话，还会明白"因为对方是这样的人，所以会采用这样的工作方式""原来他的说话风格就是这样"。这些都是见面后才知道的细节。

科技不能解决一切问题。最后还是要凭借人的热忱，提升工作速度与质量。

时而打电话、时而当面会谈…… **双方可以互相了解、提高工作意愿。**

如果光以信件联系…… **只能达到最低要求。**

与工作者会面，可提高士气、提升工作的速度与质量！！

盲目"剁手"之前，先想想自己的需求

有些人很喜欢 3C[1] 产品，我也是其中之一，完全被迷得团团转，只要新产品一上市，就忍不住想试用看看。

这些产品的广告文案多半写着："具备划时代的新功能。"因为是新产品，具备划时代的功能也是应该的，可是通常看到漂亮的广告文案，连想都不想，就会觉得上面写的都好棒。

所以，那就买下来吧？且慢，如果真的想买，先等一下！稍微冷静一会儿，想象自己实际使用的情形。广告上各种炫目的功能及特色，你是否想过可能这些功能

---

1. 计算机类（Computer）、通信类（Communication）和消费类电子产品（Consummer Electronics）三者的统称，也叫"信息家电"。

实际上根本用不到？

我的目光总会被新事物吸引，但真要下手买的时候，我会以"具备自己需要的功能就好"为原则，厘清目标，重新思考。

其实，你手上的现有产品就能完成许多功能，如果只是换一台新机器操作，真的没什么太大的意义。

比如，个人的行程表，我倾向于写在记事本上。如果跟团队共事的话，我才会采用电子行程表的形式。

不论你喜欢什么样的方式，以较快达到目的者优先。

譬如要约定下次会面时间的时候，我翻开记事本比较快，所以我习惯用纸制品。如果要给客户估价单，最早都是用邮寄，后来改用传真，现在几乎都用电子邮件传送。一样都是选择较快达成目标的途径。

锁定几种自己最需要的功能，就不必购买昂贵的机种，那些机种也自然会排除在你的选项之外。这么一来，也不必广泛比较各种型号，更容易挑选。只看自己肯定需要的功能就好，有时反而会觉得稍旧的型号更实用，因为其他功能显得有些多余。

以产品制造商的角度来看，当然希望产品拥有各种功能，因为有些人可能会选择功能较多的机种。但实际上用到这么多功能的机率并不高。任何功能，原先都是为了供人使用而研发的；如果没有实际派上用场的机会，就算购买再高科技的产品也没有用。

咦？你说这本书不也一样写了五十个功能之多吗？观察力不错，这就是我的用意。只要这本书有一个可供参考的诀窍，对你而言，就有购买的价值。

为了避免被高科技产品牵着鼻子走……

最新机种

可是我觉得前一款机种就很够用了。

好的，大约是5号左右……

说到下次约定的时间……

New

或者

着眼于必要的功能

依状况选择工具

如果被很炫的新功能迷惑…… **结果可能根本用不到。**

终于买到了!!

超高科技手机

结果只会发微信、打电话

不知道要怎么用……

根据自己的需要，来决定要用电子产品还是其他替代品!!

第二章

生活中自律，
每天都元气满满

学会断舍离，生活才清爽

随手买的杂志，不知不觉在家中堆成了一座小山。这些杂志多半是在车站或便利商店看到的，因为标题很吸引人，所以顺手就买了。

如果买来认真地读，当然也不错。但往往可能连翻都没翻过，只是一直堆在那里，不论在金钱上或空间上都是一种浪费。

便利商店里有陈列架可以摆放，所以一眼就看得到标题；但在家中通常不能这样摆，只能一本本平摆在书桌上，越堆越高。这样做大概只能看见最上面的那本杂志，其他的被翻阅的机会就更少了。

为什么会这样呢？因为原先吸引你视线的标题已经被遮住了，所以你缺乏阅读这本杂志的动机。

旧杂志里的信息多半没什么价值。如果真的有用，便利商店应该会继续卖。过了一段时间的信息，只要上网查询，大概都已经有人整理过、写成文章了，只要记得关键字应该就够了，所以其实不用刻意保留杂志。

什么事都有人做，就是不会有人来帮你清理杂志。

所以，请逐渐淘汰你家的旧杂志吧。否则一不小心杂志堆也会有着火的危险喔！

整理堆积如山的杂志，其实只要浏览那几篇感兴趣的文章就好，根本不必读完全部内容，就算读了也会觉得"资料好旧"，徒增感伤罢了。

何时才是舍弃杂志的时机呢？杂志跟食品一样，都有保存期限。食品如果坏了，很容易看得出来，也非丢不可。换成杂志的话可以根据发行日期来判断。

所谓杂志的保存期限，就是到下一期出刊为止的时间。如果是时效性杂志，最好期限一到就淘汰掉。

如果是没有时效性的资料，那就要当成"书"来看待，应该归位到书架上。不然就是把需要的页面剪下来归档，或扫描储存在计算机里。

追根究底，人究竟为什么会舍不得丢旧杂志呢？或许是觉得"没有全部读完，有点浪费"吧。

如果拿看电视的习惯来比喻，看到不感兴趣的节目，人们通常会转台跳过。杂志其实也一样，只要针对感兴趣的部分，读过且吸收信息之后就可以淘汰了。

阅读过的杂志…… **可以定期淘汰。**

嘿咻

每月1次

觉得"可能还会看"的杂志…… **其实根本不会再读。**

嗯……

少年快报

咚

啊……
我累了

把失去时效性的杂志
扔掉吧！！

上网追剧前，最好先设定时间

哇！一看时间，才发现已经半夜了。

不知不觉，又在网络上耗太久了。

这是很常见的事情。所以，网络有时候比电视可怕，你知道为什么吗?

要是电视节目很乏味，观众马上就不想看了；如果是有趣的节目，时间又相当有限。

但上网的话，是针对自己感兴趣的内容不断看下去，不会感到无聊，就像连续看自己喜欢的电视节目一样。因为人的好奇心无穷，对于这种天性，网络就像一种会上瘾的毒品。

在现代生活中，不论透过手机或计算机上网都很容易，想戒掉上网的习惯就更难了。法律又不可能明文规定禁止上网，所以想浏览多久都可以。

好吧，那就把这本书放下，尽情地去上网吧……喔，你不是这个意思？你觉得不应该沉溺在网络的世界，想知道保持清醒的秘诀吗？原来如此，出发点相当不错。

想妥善安排上网时间，最有效的秘诀如下：

用计时器设定上网时间。就这么简单。

在上网之前，可先利用手机设定闹钟，譬如一个小时或十五分钟，设定好了再上网。

手机的闹铃不只可以当起床用的闹钟，也可以带你从网络回到现实世界。

上网这件事倒没什么不好，但是花太多时间就不太妙。人要是完全失去探究事物的好奇心，生命就等于到了尽头。所以最好采取渐进式上网，妥善控制时间。

我们就来练习一下吧。将闹铃设定在十五分钟后，然后开始浏览网页。先查询关键字"美崎荣一郎"，然后就会连接到我的官方网站。在十五分钟内，你可以停下来吗？

……什么？因为没什么好看的，所以在闹铃响起前就把浏览器关了吗？

真抱歉，为了写出更有趣的内容，我会继续努力，请大家先别上网，好好把这本书读完吧。

把行程安排得宽松一些，告别慌慌张张

"请勿强行进入车厢！"虽然车站广播这么提醒，但你还是慌慌张张硬挤上车，究竟是什么原因？仔细说来，这都是因为没有留出富余的时间。

在今天想要正确算出交通所需的时间，并不困难。但因为一路上状况频发，有时却不得不快步硬挤进拥挤的车厢。我们又不是当红艺人，实在不需要赶成这样啊。

我的习惯是提前一个小时到达。抵达目的地后，妥善运用接下来一小时的时间，譬如用餐等。

举例来说，如果要在下午一点谈事情，我会在十二点先到，就近先吃午餐。这样在谈话时，又可以多了一个"今天中午在附近的某某餐厅吃午饭"的话题，边找午餐地点也可以顺便观察附近环境，譬如"有一所高中""最近在盖新的大楼"，可以让谈话更热络。

如果是早上十点见面，就不适合安排午餐，但还是可以提早到，先找家咖啡馆坐坐。既然在工作上必须阅读的书与资料很多，与其在公司座位上读，不如到目的地附近的咖啡馆进行。

只要安排充裕的时间，提早到达，即使有突发状况也不会受到影响。错过一班车，依然可以从容不迫。在等车的时候，可以读自己喜欢的杂志或书，也可以做些自己喜欢的事，对时间的运用来说相当有利。

仔细想想，不论赶上车或没赶上车，基本上能做的事情都是一样的，读书、写电子邮件……总之就是做些对自己有益的事，不要让等车的时间平白流逝。

只要避免飞奔冲进车厢的窘境，就不会遭到其他乘客的白眼。更不会因为衣服或公文包被车门夹到，搞得警铃大作，让列车无法顺利行驶，甚至是误点。

如果在行动时预留一些空档…… **就可以有效利用时间。**

好挤啊！
改搭下一
班车吧。

××站

在等待时读资料

如果把行程安排得分秒不差…… **不论在时间上或行动上**
都毫无余裕。

请勿强
行进入
车厢！

来不及了，
快冲！！

满

虽然赶上了，
但是……

满

把行程安排得宽松一点，
不仅能有效利用时间，
也能得到对方信赖！！

学会整理和收纳，东西才能随时找到

把你的皮夹拿出来看看。是不是塞得满满的呢？

塞得满满？嗯，想必是有钱人喽？

什么？其实只是一些舍不得丢掉的发票或明细呀？这些东西留在皮夹里有什么用吗？

如果是为了记账，其实最好每天把皮夹里的发票拿出来。

只要把当天的发票整理在一起，日后想检查时会很轻松。

有时候会觉得开销比较大，以百元为单位记下花费金额应该就差不多了，由此可以看出哪天花的钱比较多，每日开销究竟是多是少。

什么，你的皮夹除去发票还是塞得满满的吗？我想，剩下的大概都是集点卡。

说起集点卡，其实是商家鼓励顾客消费的一种伎俩。为了集点数，有时还不得不多买一点……其实这样消费反而吃亏。买东西本来是买自己需要的就好了。

与其设法多拿十元的红利，不如花心思买便宜十元的东西，避免多花一百元买多余的东西，才是真正划算。

其次，**不要把集点卡放在皮夹里，最好另外收纳整理**。如果打算买高价的东西，自然会想到："好像会花很多钱，今天要记得带集点卡。"如果集点卡没带在身边，自然就会选择在定价便宜的地方买东西。

现在，你的皮夹应该变得很清爽了吧。嗯？现在又突然觉得自己没什么钱，皮夹看起来空空的？没关系，只要养成不乱花钱的习惯，你的钱自然会越存越多。

维持皮夹清爽的秘诀就是……

清爽整齐!!

如果不记账
可以扔掉。

集点卡可另外
集中放在一起。

皮夹看起来臃肿的人经常……

啊!!

丁零

臃肿

钱会掉出来……

到底塞到哪
里去了……

会员卡也找不到……

整理一下,
让皮夹变得更好用!!

坚持的秘密，在于找到美好的愿景

我周遭有许多人，不管是节食也好，准备托业考试也好，都无法持之以恒。究竟是为什么呢？

其实半途而废的人，都不曾真正下定决心要实践目标。

我也常说"一定要节食""都没好好准备托业考试"，但那只是场面话罢了。纯粹只是刚好聊到，本来就没打算要认真进行。（笑）

如果你真的希望自己节食成功，那你就会变瘦；如果你是认真想在托业考试中考取高分，那你就会考好。

因此，接下来就是，真正下定决心的方法。

首先，你要想象：如果持之以恒，将来的自己会变成什么样子。这点非常重要。

为了力行节食计划，忍耐着不去享受美食，这应该不是你的本意。节食成功后，可以穿上喜欢的衣服，说不定还能交到男朋友或女朋友……这才是你真正的目标吧？

既然如此，你要把这种愿望转化为愿景，如果不勾勒出美好的未来，就没办法诱发自己"认真"的动机。

其次，为了编织美好的愿景，你还要明确订出时间表。

举例来说，如果你有喜欢的歌手、偶像、演员，就这样下定决心："在他开演唱会之前一定要瘦下来！"或"我要在电影首映会前瘦身成功！"如果是准备英文考试，可以这样计划："考完试之后，为了奖励自己，我要出国旅行！"先订出日期跟地点。

订好时间表之后，接下来你要寻找伙伴。如果目标是演唱会，不但要约一起去的同伴，还可以公开告诉大家："我在演唱会前要瘦三公斤！"如果是旅行，可以对同行的朋友扬言："如果我的托业考试考到八百分以上，就当大家的向导！"

只要有愿景，就有持续下去的动机。而且如果你意识到有人为自己作见证，不论节食或考托业，都不会轻易放弃。

如果不容易达到自我要求，那就利用某些场合或大事，把其他人拉进来，借此达到约束自己的效果。

在没有他人注意的情况下，很少人能够持之以恒。像艺人或模特儿能够维持曼妙的身材，正因为他们从事的是"被观赏的工作"。

不过，要是你瘦身成功、又顺利跟明星交往，之后却因为太幸福又变胖了……我可不接受读者申诉喔。（笑）

为了达成目标……

 一年后，×月×日要去美国！

托业成绩 800 分以上！！

设定目标　　　　　　　　　　**寻找伙伴**

如果只想自己一个人努力……　　　**不容易持之以恒。**

 开始跑步，目标瘦 5 公斤！！

 嗯，好吃……

借由想象愿景、寻找同伴，
达到你的目标！！

别让电视悄悄偷走你的时间

你想知道现在几点了，于是打开电视，却不知不觉就一直看下去，在电视机前一坐就是好几个小时……等一下！那些节目不是与你无关吗？

通常我们看电视是为了放空，稍微让头脑休息，暂时停止思考。如果只是想着："先看一下电视转换心情，然后再开始工作！"你可能会一直不停地看下去。电视可怕的地方在于，你连想都没想，就耗掉很多时间。

但是，你在无意间看的那些电视节目，几乎都是对你无益的信息。

譬如艺人结婚离婚的消息、偶像的绯闻，这些可有可无的讯息，就算没看电视大概也会听别人说起，就算不知道，也不会特别觉得困扰，反正就只是闲聊嘛。（笑）

许多人明明知道电视节目的内容乏善可陈，却还是忍不住一直看。因为电视台最擅长的就是将无聊的事情，用有趣的方式传达出来。电视节目中有很多陷阱，会吸引你的注意力、虚耗你的时间。

杰出的商界人士，几乎都说自己不看电视。你可能会感到怀疑；但电视台的工作人员，据说回家后也不太看电视。他们又是如何看待电视呢？

答案是：**他们只看真的很想看的节目，不会开着电视漫无目的随便转。**

为了避免自己没事就打开电视，最好清楚定出看电视的时间，尤其一开始就要决定要看的节目，这点非常重要。如果先选好自己喜欢看的连续剧、电影或纪录片，就不会懒洋洋地一直看下去。

实际上，那些擅长时间管理的高手，为了节省时间，只吸收最精华的信息。如果五分钟的新闻跟一小时的谈话性节目谈论的重点是一样的，他们会选择五分钟的新闻。从能否高效运用一小时开始，就会发展出截然不同的人生。

你也应该在想看的电视节目一结束，就马上关掉电

视电源！千万别在电视机前耗下去。

先从养成"关电视""不开电视"的习惯开始。只要不开电视，就不会"想都没想就看个不停"。

想看的电视节目一结束……　**马上离开电视机。**

真让人感动……

...to be continued

好，去买东西喽！

哔

OFF!

如果一直盯着电视……　**会无法脱身。**

惊传外遇！偶像K与演员M

现场第一手报道！

演技派的M竟然这样！！

事件的真相独家专访

咔嗒咔嗒

真危险……

2小时后……

想看的电视节目一结束，记得马上关闭电源！！

通勤时间，别只光顾玩手机

你是不是一上地铁就开始玩手机?

上网、检查邮件是免不了的，但接下来有些人可能会开始玩游戏。这是手机最不好的一种用途。偶尔玩玩或许可以消除压力，倒也无妨；但一直玩下去，眼睛容易疲劳，大脑也没有真正获得休息，并不是好事。

玩手机没什么问题，但是在地铁上一旦不知要做什么，就利用手机打发时间，这样的习惯就很危险了。

大部分的人都常说自己已经很认真地在把握时间，时间却总是不够用，但实际上他们浪费掉的时间也不少。让时间平白流逝的主要原因在于"惰性"。一旦惰性变成习惯就糟了。

为了避免自己养成惰性，先决定坐地铁时要做些什么吧。

我想，此刻正在地铁车厢里读这本书的人，应该不会放任自己惰性发作一直玩游戏吧。（笑）

　　我通常会在通勤时回信息。走路的时候没办法做，但有座位时，两手可以空出来，这正是用手机回信息的好时机，依照事情的轻重缓急排序，一一回复。

　　有时候，地铁里会出现信号不良的情况，因此，我都会先准备一本书放在公文包里，有时间就拿出来阅读。

　　别再放任自己的惰性玩手机了，看看书说不定还会有种惊喜的感觉哟。

想象实际使用的场景，就能克制冲动购买

随意在街上散步，忽然发现喜欢的品牌正在打三折？！

这种价格不买太可惜了！帮我把这个包起来！

……就这样冲动购买，之后不会觉得后悔吗？

各大商家为了吸引消费者注意，费尽心思制作宣传广告、制作精美的包装，再加上季节性的促销折扣，我很能理解你想趁机采购的心情。

并不是说冲动购买一定不好，只是消费了如果又后悔，有时买了用不着的东西或不会用的东西，那就是一种浪费。

我也曾有过冲动购买的经验，因此特别留意养成了不买多余物品的习惯。

我的秘诀是：**在结账前先缓一缓，深呼吸，想象一下自己正在用想买的那一样东西。**

只要稍微考虑："我会在何时使用呢？""怎么使用它呢？"买错东西的概率就会大幅减少，而且效果可能比预期还好。

首先，想象一下自己在买了这样东西之后，什么时候会开始用它。

一周后、三天后、三小时后……在考虑之后，如果会用到的时间还算近，可以考虑购买。如果三天后会用到，还有两天考虑的时间。

想象不用花钱，而且想象的过程也很开心。

再来，想象自己会怎么用这样东西。针对限时特价促销的活动，这方法很有效。

当然，你也可能会想到购买后产生的问题与麻烦。这时就可以想想你碰到的时候，该如何解决。

当你想象过实际使用的情景后，多少会变得稍微理智一点，当然也有可能会更想买。想要的东西一定有它的优缺点，如果考虑清楚了，就不会造成额外的浪费。

此外，你也可以跟朋友讨论想要的东西。

其实在购买前，正是最快乐的时刻。稍微花点时间想象一下，跟朋友讨论过后再行动。就算最后没有买，你也还是享受到了其中的乐趣。

当你觉得"好想买！"的时候，请先暂缓一下。试试让你的想象力发挥作用吧。

"咦，这看来不错" **请你想象一下使用的场合与目的。**

如果发现这种东西……

看起来不错！

什么状况用？ 何时用？

怎么用？

是否已经有相似的东西？

即使看到觉得不错的东西…… **也不要毫不犹豫就买下来。**

看起来不错

又是条纹的衣服……

不小心又买了类似的东西……

在"冲动购买"前，先深呼吸一下！！

079

尝试不同的餐馆，会有惊喜的发现

你是否总是在连锁餐厅吃饭呢？

连锁餐厅的优点是：不论开在哪里，风格都熟悉，令人心安，而且菜单与价格好掌握，感觉很方便。

但是仔细想想，如果选择连锁店以外的餐厅，其实价格大概也差不多。

只要不是去夜总会或酒店之类会把口袋淘空的场所，不论在哪里吃饭，价格大概都可以接受。

人生能享受到的食物有限，为了少付一点钱，就经常在连锁店吃饭，**会因此错失发现美食与新事物的机会，这样其实非常可惜。**

因此在旅行或出差时，可以多试试陌生的餐厅、品尝没吃过的食物。当然偶尔还是可以在连锁店用餐，这也是一种乐趣。

但是无论如何，旅途中真的应该挑战新选择，才有机会尝到前所未见的美味。

如果在平常熟悉的地段，我都会有固定光顾的小店。

连续去过几次后，我有时会带点伴手礼过去，这样一来，店里的人自然会记得我，于是我就成为贵客了。

与常去的小店建立联系有什么好处呢？

因为一旦成为餐厅的常客，餐费就不单纯只是消费，在无形中也成为一种投资，同时也会带来一些额外的惊喜。

店家会从你的每一次光顾中累积经验，下次自然会用你喜欢的食材烹饪、调味，做出更符合你口味的菜色。

我可以想象出精心调制的"美崎特餐"，完全用我爱吃的食材，而且以我最喜欢的方式烹调……怎么好像在说梦话。（笑）

如果有像这样熟悉的餐厅，不论是庆祝重要的纪念日，或是带初次见面的人光临，都很适合，而且介绍环境跟菜色也可以成为话题。

这些都是连锁餐厅无法提供的服务吧？

既然有机会享用美食，就尽可能好好累积经验，创造自己的美食地图吧。

千万不要只养出小腹喔。

一旦成为餐厅的熟客…… **可能会有意想不到的惊喜。**

今天的主厨特餐是什么呢？

BISTRO 私房小厨

这是试做的蛋糕，免费请您尝尝。

总是去连锁餐厅…… **感觉没有特别的变化。**

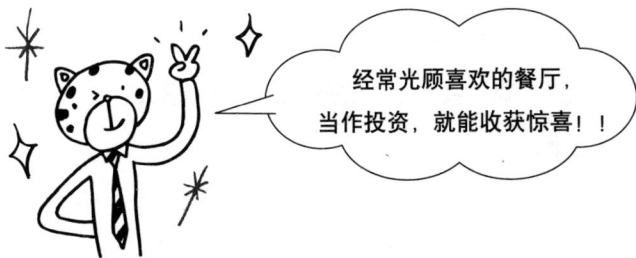

跟往常一样，点汉堡排配大碗饭吧……

Bennys
汉堡

懒得想……

嗯
嗯
完全跟平常一样……

经常光顾喜欢的餐厅，当作投资，就能收获惊喜！！

动作变得粗鲁，其实是疲惫和压力的信号

你是否曾经在不知不觉中粗鲁地对待周遭物品呢？

譬如关门时"砰"地重重甩门，放东西时不好好放，用扔的……这些动作多半是无意识的，因此不容易改过来。

当人觉得疲倦，压力越来越大，动作自然会变得粗鲁，很难停下来，还会制造出声响。就像吵架后，甩门把自己关在房间里是同样的道理。

因此，一旦发现自己动作粗鲁，拿东西出气时，就要意识到"啊，我累了"或是"现在压力很大"。这点相当重要。

如果你经常制造出噪音，那恐怕是疲劳或压力太大的征兆，最好重新检视生活习惯与日程表，说不定是其

中哪个环节出了问题。

要是在地铁上重重把随身物品丢下，可能是太忙乱，因焦虑而导致的举动。如果是这样，下次安排行程时，排得稍微松散一些吧。

当你不自觉用力开关办公室的门，可能是心里有些事想跟同事沟通，却没说出来。不如趁着泡杯茶的时间，试着跟大家好好把话说清楚，或许问题就能迎刃而解。

压力会扩散、影响到身边的人，如果自己的压力持续累积下去，也会影响到周遭的人们。如果眼前有个人焦躁不安，自己也会变得越来越不自在。同理，动作粗鲁制造的声响可能也会妨碍到其他人。

为了避免这样的情形出现，请注意你身体发出的抗议讯息。如果身体累积了"说不出的压力"而让动作变得粗暴，那就要设法从根本解决问题。正因为是无形的压力，所以你才会透过门或物品发出声音。如果你仔细留意，就会发现许多声音代表了不同的讯息。

反过来看，如果是你周遭的人变得举止粗鲁，可以关心对方"你累了吗"，譬如慰劳一下同事、在地铁上让座等。因为压力要是扩散开来，也会影响到你。待人友善，迟早会有善意的回应。

咦？你说其实是办公室的门有问题，所以每次开关就发出噪音，与压力无关吗？不过一开门就发出声响，也挺令人神经紧张的。赶快给门上点油，或是垫个东西看看吧。只要有人先发现，解除让人不自在的因素，就能造福办公室的所有人。

听听看，当你正在读这本书的时候，周遭有什么动静吗？

看到动作粗暴的人……　　**可以试着对他亲切一点。**

要是拿东西出气……　　**周遭的人也会觉得烦躁。**

甩门或扔东西的声音代表紧张，尽早解除压力来源吧！！

克制暴饮暴食的小妙招——先拍张照发给朋友们

你是否曾经想过："想吃点不健康的食物！"

很多人都有过这样的经验，大脑或身体发出讯号，很想摄取像零食之类的高热量垃圾食物。

只是偶尔吃一次，还不至于导致什么问题，所以就痛快地吃吧！

不过，**记得在暴饮暴食之前，先拍张照片，发送给你的好朋友们。**

各位！我要大吃特吃喽！

（附加照片：超大炸猪排）

运气好的话，说不定吃到一半就有人回复了。暴饮暴食多半发生在独自一个人的情况下，因此要先把照片发出去。在吃的过程中如果收到回复，就会中断用餐，开始收发信息。尽管这样的用餐习惯不太好，但是对阻止自己暴食反而有帮助。

这样一来，暴食的量就会减少。通常饮食过量都是因为一口气吃个不停，独自吃饭的时候更容易发生，因此要设法制造停顿的机会。

近年来流行的推特（Twitter）或脸书（Facebook）也可以派上用场，我常上传食物的照片到推特上，有时是美食情报，不然就是准备大吃一顿前的照片。

如果太常上传大吃大喝的照片，周遭的朋友会开始担心。即使是一个人用餐，也会承受来自各方的关注。所以偶尔可以放纵一下自己，但记得一定要先拍照上传到社交网络上。

当你特别想吃不健康的食物时，表示压力与疲劳已累积到相当程度，所以应该要设法消除压力的来源。

我们可以试着将卡路里换算成压力指数。先大约估算食物的热量，零头不算，譬如两百九十卡，就想成三百单位的压力吧。

咦？你今晚的压力指数有两千吗？那压力真的有点大呢，如果只是偶尔的话还好，如果每天都这样大吃就不太妙了，这时就要注意，可别养成习惯。

如果暴饮暴食的根源是为了寻求发泄，那么就试试其他的舒压方法吧。

譬如做些简单的运动出点汗，或者试试按摩、水疗，以达到放松的目的。不然就是去游乐场乘坐可以惊声尖叫的云霄飞车，女生还可以去美容院或做指甲的沙龙，借此转换心情。

万一因为暴食变胖，会增加更多压力。如果被人嫌弃说太胖，心情恐怕会更苦闷吧。（苦笑）

如果特别想吃高热量的食物……

我要吃喽！ A小姐

咔嚓

传送

M同事 S先生

公开暴食照片

寻求"吃"以外的舒压方法

一个人埋头吃个不停……

停不下来，非常危险。

咔嗞 咔嗞

真是气死人了……

吃不下了……

呼

即使大吃大喝，也要适可而止！！

091

要想改掉丢三落四的毛病，得学会列清单

"啊……竟然没带！"

你是不是也会习惯性忘东忘西呢？那是因为你只在脑海中反复确认，所以会出错。因此千万不要太相信自己，别依赖记忆力。

想要预防健忘，最简单的方法就是把清单列出来。

还记得小时候，学校会发"远足准备事项"，上面印好必备的物品清单，然后就照着逐一检查："手帕带了、塑料袋也准备好了……啊，还差雨衣！"原理其实完全相同。

我通常会准备写清单用的小册子，小型多孔活页夹的大小就行。例如"名古屋出差""筑地早餐会"[1]

———————————————

1. 名古屋和筑地均是日本地名。

"秘密学校"等，依照不同主题分页记录。用活页的原因是可以把未完成的部分放在最前面，能够自由调整很方便。

写清单难道不能用广告传单的背面来写吗？不对不对，用活页笔记本是有原因的。

譬如我主办的"筑地早餐会"，每月会举行数次，需要的东西大概都差不多，所以只要写一次，就可以重复利用。照着现成的清单检查，完全不需要思考，既快速又方便。

当然，有时候也要追加一些东西，那时再列出补充的项目，更新清单就好。

如果连确认清单都忘了呢？哎呀，那还真麻烦。（笑）首先，我建议你先养成"确认事项"的习惯。譬如从每天早上"起床→洗脸→换衣服→检查清单……"开始。

对于不擅长自行检视的人，我推荐手机的"提醒功能"，只要设定"待办事项"与"提醒时间"，时间一到，手机就会通知你该做什么事情。

除了列清单之外，我也建议大家先准备好"整组必备品"。

小时候，铅笔盒里会有铅笔、橡皮擦、圆规这样的组合；同样的，现在还是可以把东西一起准备齐全。我个人就有一套"演讲专用工具"，包括笔记本电脑、电源插头、连接投影机的线，都装在一个小提包里。如果是笔记本电脑以外的小东西，装在拉链袋里应该就够了。

出差要带的衣服，就直接装在干净的洗衣袋里。只要先准备好成套的衣服，到了饭店，就可以把换下来的衣服装好直接拿去送洗，非常方便。

与其认真思考，生怕自己忘记，不如准备好完全不用多想的方法。小时候适用的方法，长大以后仍可以善加运用。

嗯？感觉我好像没有太大的成长呀。（苦笑）

为了防备"哎呀，竟然忘了"的尴尬场面……

OK!

9/20
- 名片 ☑
- 笔记本 ☑
- 笔记本电脑 ☑
- 合同 ☑

可利用活页记事本列清单

万用手册　名片　会谈记录
∞公司　笔记本

或者

资料

准备好专门的"文件组"

如果只靠记忆力……　可能会失误。

明天千万
要记得带
资料……

啊！！

相关的
资料……

没带！

只要事先利用一些方法，
就不用特地花心思去记，
也不会遗漏！！

早起的秘诀，是第二天有值得期待的事情

有种坏习惯是：总要熬到最后一刻才睡……

其实我也是在刚好可以睡饱的时候，才上床睡觉。

像我今天在清晨四点起床，似乎很早呀？但我昨晚十点就睡着了。对我而言，充足的睡眠时间大约是六小时，所以刚刚好。

早上四点就醒来，是为了工作。大清早头脑最清醒，工作效率佳，我正是为了专心写这本书而早起。昨晚临睡前就下定决心："明早要写书！"

咦？你是说，这跟你想的"最后一刻"不一样？

我明白了，你是根据出门的时间反推，在刚好能睡饱的时刻才去睡。可是难道你都不会赖床，稍微晚起吗？早上起床很痛苦，即使想提早十分钟醒来，也不见

得爬得起来。

对于我们每个人而言，"在该起床的时候，就展开新的一天"是非常重要的事情。

当然，想要"啪"一下就起床很难，真正醒过来也很难。

但你想想看，是不是也有过顺利早起的经验？譬如小时候参加远足，当天一大早就醒来了？或是进公司的第一天以及毕业典礼的时候？

只要是自己喜欢或想做的事情、重要的事情，就能早起。也就是在前一天晚上要有隔天早起的决心。

早起的秘诀，就是第二天早上要有值得期待的事情。

譬如刚买了新东西，晚上可以先不拆封，等到第二天早上再看。像新的家电、手机、衣服、生活杂货、化妆品等，即使很想拆开马上用，也千万要忍住。

如果平常都是早上六点起床，为了预留拆封和赏玩的时间，就要提早醒来。如果需要一个小时，那就在五点起床。但是睡眠不足有害健康，所以也要比平常提早一小时就寝。

常见的情形是：晚上兴高采烈地拆封，因为玩得很开心，耽误了上床睡觉的时间，第二天早上爬不起来。这是很正常的状况，因为前一晚已经体验过新鲜感，醒来后就要乖乖去上班上学，完全不能浪费一点时间。如果醒来可以继续赏玩，或许还能早起吧。

　　其实早上也可以读喜欢的杂志或浏览朋友的来信，每天早上给自己准备一些惊喜或乐趣，就会发现起床比想象中容易。

　　早上醒来的时候，想到有"礼物"，应该会觉得比较开心，想早点下床活动吧？

　　就像小时候，在圣诞节早晨醒来的心情。

为了在恰当的时刻醒来……　　就要为早起预先做准备。

哔哔

05:30

啊 !

昨天买的 iPad

哇——

如果只从出门时间反推……　　早上会很匆忙又痛苦。

唔唔

上午7:30

再睡一下……

迟到了!

预先准备好"早晨的礼物",
起床就不再是难事!!

第三章

关系中自律，
自然收获好人缘

用"走心"的话表达心意，人缘会越来越好

"不好意思"实在是很好用的词汇。

收到礼物时，可以说："不好意思（让你费心了）。"

不小心做了失礼的事情，赶紧说："不好意思。"

通过狭窄的道路时，还是逢人就说："不好意思。"

我会要求自己，尽可能不说这种空泛的话。

为什么呢？那是因为话说出去时，完全不经过大脑，也无法确切表达自己的意思。

收到喜欢的礼物，可以说"真的非常感谢"来表达谢意。

冒犯对方时，应该说"对不起"或"实在很抱歉"。

想要穿越狭路时，就说："借过一下，谢谢。"

如果道谢跟道歉时说的话完全一样，难道不会有

"一成不变"的感觉吗?

想要传达内心感受时,应该视情形选择适当的词汇。如果碰到什么情况都说"不好意思",感觉有点机械化。**如此一来,不但无法真正表达自己的意思,也会养成懒得思考的习惯。**

请将习惯脱口而出的"不好意思"先封锁停用吧。这样一来,你就不得不转而思考其他表达方式。

一旦脑中的词汇增加了,表达方式会变得更丰富,也能锻炼自己用字遣词的能力。

就同样的出发点,另一个滥用的常用语是"加油!"

继"不好意思"之后,这个词也请停用。

想要鼓励别人时,通常我们会说:"加油!"

但实际上真正要努力的人是对方,我们却只是要别人好好努力吗?

所以,光说"加油!"多少有点不负责任。

如果想要鼓励对方,我们可以换一种表达方式。

从惯用的"我们都要好好加油"改成"各自努力吧!"

只要留意不要惯用某几个说法,就不会总是重复讲一样的话。

改掉像口头禅一样的语句，试试别种说法，更能向对方表达道歉或感谢的心意。

我也要在此，诚心诚意地向购买这本书的读者说声："真的非常感谢您！"

依状况选择适当的说法，可培养应变能力。

感谢的时候……　　**道歉的时候……**　　**走路的时候……**

不管遇到什么状况都说"不好意思"，会越来越拙于言辞。

戒掉说"不好意思"
的习惯吧！！

用简单清爽的句子回信息，会让人感到舒服

想要好好回复长信，真的不太容易。

如果简短回复，感觉好像有点失礼。可是一收到长信就同样回复一封长长的信，恐怕最后都可以结集成书了。如果有人真的做到了，可别忘了寄一本给我。（笑）

姑且略过玩笑不谈（虽然有一部分是认真的），收到信件时，礼貌上一定要回，所以收到长信时，我会尽快写封简短但又不随便的回信。

即使回信很简短，还是可以表现出诚意。有几个小诀窍如下：

①以"原来如此！"为开头

只要加上"原来如此！"这四个字，就表示已经读过对方的来信。比起"我已拜读来函""您说的真的相

当有趣"简短许多。以现在的科技，只要在手机或计算机上打出"原"或"原来"，说不定会自动出现"如此"呢。（笑）

②加上感叹词

只要加上"哎呀""喔""真的啊""哇"这类感叹词，就可以造成语气的短暂停顿，形成节奏感，也带有修饰语句的作用。

"真令人惊讶"→"哎呀，真令人惊讶"

"感谢您提供意见"→"真的！感谢您提供意见"

"原来是这样"→"哇！原来是这样"

给人的印象是不是改变了呢？喔！原来如此！

③模仿"写得不错"的句子

另一个诀窍是：看到简洁的句子就记下来，自己也尝试使用。

回到原先的主题，过于直率的信件让人觉得只是就事论事，好像没有完全读懂对方的来信，容易给人沟通失败的印象。因此，可以选择简短又感觉较亲切的字句，稍加修饰一下。

因为时间有限，如果使用简短的字句，打字也比较省时省力。**与其费心思考很有礼貌或客气迂回的说法，不如选择让人看了舒服的短句。**

说到最不得体的，恐怕是完全不回信。与其花时间烦恼到底要写什么，不如先以简单的信息回复。

当然，这些技巧是针对写给朋友或同事的信件。如果要写信给客户或上司，还是遵照正式书信礼仪比较好。

109

感谢的话永远不会太晚

"真谢谢你!"

表达出感谢的心意,明明会比较开心,但为什么有时总觉得难以开口呢?

对于想道谢的人来说,找到适当的时机并不容易。正高兴的时候说出口,好像有点不好意思;但隔一段时间之后,又因为太忙而错过机会。尽管心里想着:明天要好好道谢,然而不知不觉一个礼拜就过去了……这种情形相当常见。

在这段时间,当事人并不是忘了,或许还一直在意着没去道谢。心存感激但"感谢"就是说不出口,时间过得很快,最后演变成"现在才讲好像怪怪的……"。拖得越久,就越难将谢意说出口。

其实对于被感谢的人而言,无论何时都会觉得开心。

不管对方用什么方式表达谢意，都会因为得到反馈而高兴。所以既然要表达感恩的心情，任何时刻都是适当的时机。

话虽如此，道谢并不是随时都能自然表现出来的，即使知道对方应该会高兴，还是会有点退缩。

所以，试试定一个"感谢纪念日"吧。

就像母亲节会对妈妈说"谢谢您，辛苦了"，敬老日要对爷爷奶奶说些感谢的话，同理，你可以自定特别的"感谢日"。

譬如自己的生日、对方的生日，或是每个月月底、每月十五号也可以。就在你决定的感谢日，好好说出心底的感谢。

"之前一直没提，谢谢你上次送的礼物。"
"感谢您送我这么好的书。"
"真是愉快的聚会，多谢你邀我参加。"

如果把心底的感谢表达出来，双方都会觉得很快乐。

你知道吗？今天也是我的感谢日。

"虽然这本书的内容才到一半，但我想对正在读这本书的你，也说声'谢谢'！"

对于帮助过自己的人，可以借由"感谢日"表达心意。

每月十五号是我的感谢日

谢谢你帮助我！！

这是我出差带回来的礼物，请不要客气！

不好意思说谢谢，无法表示自己的感受。

嗯……我是想……

磨蹭
磨蹭

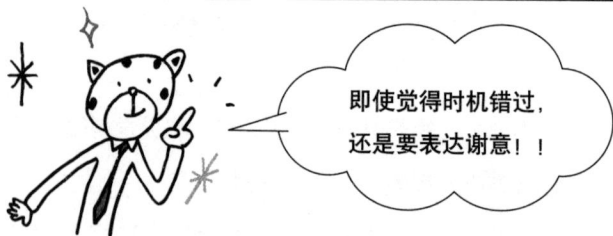

即使觉得时机错过，
还是要表达谢意！！

学会分享朋友，人脉会越来越广

一般人面对人际关系，很容易产生独占朋友的倾向。

如果认识不错的朋友，请不要一个人独享，多介绍给其他人认识吧。这样一来，不论你自己或你的朋友，才会获得真正的成长。

举例来说，我曾受邀在广播节目担任来宾，因此认识了演员别所哲也[1]，之后变成朋友。后来我也请别所先生到"筑地早餐会"当特别来宾，我们在筑地的寿司店聚集了约三十位同好，现场的朋友都能直接跟他对话。

其实我也可以单独介绍朋友给他，但我反而不想这么做。你知道为什么吗？

---

1. 日本中生代演员，曾演出《魔女的条件》《天生妙手》等剧。

我刚认识别所先生时，感受到他对电影的热忱。他在广播节目中反应迅速，也很能接纳别人的意见，这些特质让我印象非常深刻。如果只有我跟他比较熟，大家无法察觉他的优点，也看不到他在电视与广播节目以外的另一面。我希望其他人也能了解这位优秀的演员，因此想给他多介绍些朋友。

"筑地早餐会"是为了介绍"我觉得不错"的人或书籍而召开，宗旨与营利无关，自始至终都以分享为目的。如果我介绍别所先生跟三十位朋友认识，他就有机会认识"一般上班族"等平常接触不到的群体，拓展人脉。

我如果独占这个朋友，对他不会有什么帮助。但在三十位新朋友当中，如果有人能促成新的合作机会，那不是很令人期待吗？

无论如何，都不应该把朋友当成自己的私有财产。因为对方也有自己的想法，将对方紧缚，会让其感到窒息而千方百计设法逃走。

就算真的把朋友牢牢抓紧，也会让彼此的人际关系日渐狭隘，无法衍生出新的互动。

相反地，借由介绍朋友，可扩展双方的人际关系。由于不同的人互相交流，自然会产生新机会，如此一来对你自己也有好处。能够扩大交友圈，不是很好吗？交朋友的用意，就是为了增广见闻。

如果知道不错的人或信息，请记得介绍给他人。你的人生会增添许多乐趣。

首先，就从你旁边的人开始分享信息吧。

如果认识不错的人…… **转而帮他介绍。**

你好，我是 ××！！

初次见面，请多指教！

这个人似乎不错。

×× 先生

你好！

如果认识不错的人…… **尽量不要藏私。**

你好，我是 OO！

初次见面，请多指教！

这个人似乎不错。

人家可是很忙的……

这样啊……

好可惜……

分享朋友也会
为你带来好处！！

116

学会打造个人品牌，是强者的生存之道

你是否经常以公司的名称介绍自己呢？

如果是这样，你就无法摆脱"××公司的某某"的身份了。在现在这个时代，万一公司倒闭了，你要如何介绍自己呢？即使离开公司，你还是必须生存下去，所以有必要适度地打造个人品牌。

打造个人品牌，最简单的方法就是"找出自己擅长的领域"。

记得小时候，不论我做什么事都无法持之以恒，所以我没有专长。如果只是做到派得上用场的程度，倒没什么问题，但因为对这些事情缺乏兴趣，都无法变成特别的才能。如果被问道："你对什么最拿手？"我常会觉得很困惑，不知该如何回答。

不过最近除了上班，还能抽空写这本书，所以好像有些比较拿手的事情了，譬如笔记术、自我营销的方法等。

现在我可以确定，**人的专长必须以兴趣为基础**，如果你一直研究自己喜欢的东西，那就会变成你的专长。

不论多微不足道的事都没关系，只要好好坚持你的兴趣。

譬如像成为棒球界的顶尖选手、精通会计的各项知识等……这些专业技能你都不需要。

你可能对占星感兴趣、对文具感兴趣，或者很爱猫。总有什么是你真正喜欢的。请将兴趣变成自己擅长的领域。

譬如非常喜欢鱼的"鱼类达人"，现在变成了大学教授。我的朋友齐藤正明先生非常喜欢昆虫，先是在网络日志上发表昆虫专栏，后来还结集成书。不论研究鱼或虫，只要能追根究底，就很厉害。先不要管有没有用，自己要觉得喜欢，才是最重要的。

像我喜欢"新奇的东西"，所以会购买各种新产品。不过高价位的东西需要相当的财力，所以我喜欢买文具。

如果买很多新衣服，可能要花上几万元，但即使买了很多文具也只要几百块。对于资金不是很雄厚的我而言，这是个养得起的嗜好，而且我还可以冠冕堂皇地说："工作上用得到。"（笑）

持之以恒的结果就是我写了本关于笔记术的书。从原先单纯"喜欢文具"开始，最后渐渐变成我的"强项"。

你应该也有不知不觉持续做的"喜好"吧。每天吃拉面，最后就变成很厉害的拉面达人。要是喜欢买东西，或许可以试着画购物地图。

千万不要觉得自己的嗜好不值一提，只要坚持下去，就会变成专长，展现属于你的特色。**不论要培养自己的专长，或是打造个人品牌，都从兴趣开始。**

别在意他人的眼光，继续做自己喜欢的事吧。

借由嗜好，创造自己的价值。

公司的头衔不一定长久适用。

舍弃公司的光环吧！！

关系的拉近，从打招呼开始

打招呼其实并不容易，尤其是自己想采取主动的时候。可是人际关系都是从打招呼开始建立的，应该不会有人觉得，干脆不打招呼比较好吧。（笑）

明知道打招呼很重要，但有时是很难实践的。

其实我也不太擅长打招呼，时常错过机会。原因是别人正全神贯注地看手机，或是正在做别的事情，我担心会打扰到人家。并不是对方难以接近，而是自己要先发声，好像有点困难。

这种时候，我们可以参考田岛弓子所写的《中层管理者的沟通技巧》。啊——太好了，找到答案了。（笑）

田岛弓子的建议是：**将打招呼当成例行工作之一**，列入每日待办事项的清单中。原来如此，就当作是完成一件工作，用这样的心态来打招呼。

假设在今天的待办事项中，包含了打招呼这件事，这样想会不会觉得打招呼变得比较容易呢?

就算对方没有回应也没关系，因为只是例行工作而已。就像检查门关了没、电灯关了没、打招呼了没……不过就像这样罢了。

如果过于在意对方的反应，自己会变得绑手绑脚，不知道如何开口。不需要把结果太放在心上，这样才能拉近彼此的距离。

要把打招呼当成一种反射性的习惯。太过小心翼翼的话，不只要担心自己是否不该出声，也会表达出紧张的感觉。

你只要想着：我在完成一件每天该做的事情。

或者你也可以想成这是个好玩的"打招呼游戏"。我最早是在研讨会听到这个点子的，但忘记是谁提出的，无法把原创者写出来，真的非常抱歉。

想象这是一个竞赛。在一群人中，早上最先打招呼的人，就是持枪命中的胜利者。

如果想象成游戏，打招呼就会变得轻松许多。原来难以开口的原因，是因为自己太在意、太紧张的关系。只要以平常心看待，打招呼其实一点都不难。

原本连小孩子都会的事情，不知为何变得这么困难。不过，你不能忽视它的重要性，因此，请把打招呼列入你的待办清单中。

即使对方没有回应…… **还是可以当成待办事项继续实践。**

因为没有任何反应，所以就放弃了…… **这是自己的损失。**

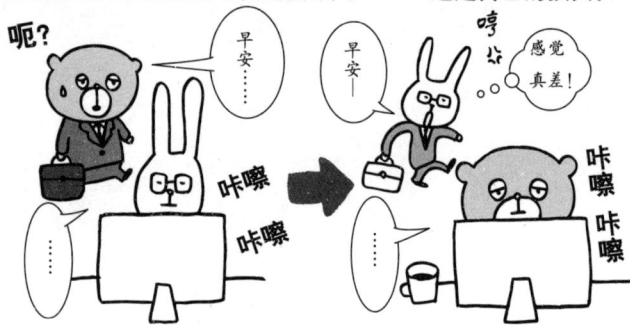

打招呼对你
有益无害！！

124

容易忘记对方名字或长相？不妨找出关键特点

要记得别人的名字和长相，真的不太容易。

只见过一次面，很难记得对方的长相，或是虽然记得样子，就是想不起名字。

虽然某些人的确有认人的天赋，但是对一般人而言，恐怕需要一些技巧。

譬如对方长得有点像艺人，就利用联想的方式，想成"长得有点像冢地武雅[1]的川上先生""跟桢原敬之[2]很像的山本先生"。因为只是为了帮助记忆，就算只是气质有点相似也可以，反正又不是要上撞脸明星节目，

---

1. 日本知名演员。
2. 日本知名歌手。

就算只有一点点像也没关系。

或者是"感觉像螳螂的齐藤先生""看起来有点像旺仔小馒头的上原小姐",利用直觉联想,将昆虫或零食等东西跟本名结合。**如果想帮助记忆,加上关键字的话,效果就会很好。**

还有一个办法就是**帮大家拍团体照**。照片既可以提供给大家,也可以自己留作备忘。近年来,用数码相机拍摄的团体照,画质都相当清晰。加上发朋友圈的人越来越多,大家也多半不反对成为拍摄的对象。不过,在拍照之前,最好还是先确认一下:"请问我可以拍照吗?"

接下来,就要自己下点功夫了。用打印机把照片打印出来,然后在上面注明名字。如果有拿到名片的话,趁印象深刻时,赶快做个标注。第一次见面当天应该都还记得,但过了几天之后,恐怕就有点想不起来了,最好要养成打铁趁热的习惯。

还可以把照片贴在笔记本上,补充资料后再翻拍一次,也可以存入手机,随身携带。

甚至也可以替对方画肖像,为了捕捉对方的神韵,必须好好观察他的特征。就算画得不好其实也没关系。

经过仔细观察，更能加深印象。

我的习惯是：依照座位顺序画速写，并加上姓名。虽然没有规定要画得很像，但也有教授如何画人像的书，想要画得好一点的人可以作参考。

最后还有一招：用当时对方携带的物品来记忆，只要有明显特征都可以。譬如"带红色笔记本的百合小姐""用动物回形针的宪人先生"等。这么一来，以后在其他地方看到同样的东西，自然就会想起来了。

如果容易忘记别人的长相和名字……

滑溜

你好!

感觉有点像鸡蛋?像鸡蛋的Y先生。

咔嚓

要拍喽!

或者

结合关键字

拍团体照

只依靠自己的记忆力……　　很容易遗忘。

小姐

H先生

今天见到了……

啊,熊子小姐好久不见!

她是谁啊?

呃,

数周后

利用关键字帮助记忆,并且留下记录!!

从讨厌的人身上，也能学到很多东西

每个人或多或少都有点自负心理，觉得自己比那个家伙强，比某人厉害，可是这种心态会让你听不进别人的话。

虽然有些人的确专讲些芝麻绿豆大的小事，也有人光是说些大家早就知道的事情。

不过，即使是这样的人，偶尔也会说出值得一听的话，你应该也知道吧。如果某人所说的话，竟连 1% 的意义都没有，那也真是非常厉害呀。（笑）

世界上的事物多半早就存在了，如果你觉得新奇，那只是因为你先前还不知道的缘故。

世界上也不见得有那么多厉害的人事物，如果你觉得很厉害，也只是因为你没有见识过而已。

这本书也不是一本多么伟大的书，其中有一半的内容，你应该会觉得似曾相识，好像在哪里听过。但如果你愿意接受这本书的建议，就能够建立一些好习惯。

如果每次要听不喜欢的人训话，觉得很烦，那就来试试这个游戏吧。

游戏名称叫作"从讨厌的人身上学到十件事"。

计算一下，每次学到十件事要花多少时间。

主管做决定总是很慢，那就解释成"他很谨慎"。C先生总是借口一大堆，那就想成"他很擅长保护自己"。你可以尽情发挥想象力。

"原来从这个人身上，可以学到东西！"如果从这种角度思考，应该会变得比较容易听进去吧？如果养成习惯，不管听到什么样的话，都能从中找出正面积极的意义。

这么一来，你可以向年轻的同事学习，也能从不喜欢的上司身上学到东西。先入为主的想法过强，是造成你"无法好好聆听"的原因。

而且，如果你真的好好聆听，对方会觉得很高兴，说不定因此带来意外的好处。当你忽略别人的意见，别人同样也会以冷漠回应。

如果以"谁先交代十件事"为游戏规则，说不定新人比上司委托你的事情还要多。如果是这样的话，与其心想"为什么会这样"，不如直接问清楚吧。不是说坦诚比较好吗？

不过如果要玩这个游戏的话，最好是在心里默默进行就好……万一你不小心喊出来："这是讨厌鬼的比赛吗？"结果会怎样，我可不负责喔。（笑）

学会观察，送礼才能送到别人心坎里

突然收到别人的礼物，如果收到的是自己喜欢的东西，一定很开心吧。

同理，在选择送人的礼物时，你也会想挑选对方真正喜欢的东西，可是实在不容易。为什么会这样呢？多半是之前没有记住对方的喜好。

你觉得要记住大家的喜好有点困难？那倒也是。究竟有没有什么好方法呢……

答案是：**平常要勤加记录。譬如去餐厅时，大家点了什么。一起去餐厅吃饭时，你可以自告奋勇，主动帮大家一一记下来，然后跟服务员点菜。这时你可以记在自己的笔记本上。**

川上说："我喜欢吃咖喱。来三串咖喱风味的炸物"。

丰田说：“阿根廷风味的炸牛排很好吃哟，我还要点红酒！”

将这些全部记下来之后，可以边看边说给店员听。这些资料非常重要，你看，每个人喜欢的东西都在上面。

所以如果要约川上用餐，就可以去美味的咖喱餐厅；要帮丰田庆祝升迁，就可以去以阿根廷风味炸牛排为主菜的餐厅。

对方不会特别记得这些细节，只是不知不觉点了自己喜欢的食物，因此点菜的记录很有参考价值。

要是没有机会一起去吃饭呢？**可以问问别人，送过什么东西给对方，或是从那个人手中收到过什么礼物。**

吉川小姐送过花，她应该是个爱花的人，所以就回送她花。

野上先生带过甜点当作伴手礼，那就选甜食送给他。

小林先生送过书，所以也回送好书给他。

我会把对方送的礼物拍下来，既然人不可能什么都记得，那就好好留下记录吧。

用手机拍照很方便，还可以把照片当作附件，写封信感谢对方。日后只要搜索自己发出的信件备份，很快就能找到记录。

咦？你是说，还没从对方那里收过礼物吗？那就回想一下，那个人平常最重视什么。对方是在吃的方面比较讲究，还是求知欲旺盛或喜欢旅行。还可以向对方兴趣相近的朋友打听，只要问对人，应该会得到不错的建议。

礼物毕竟是要送给对方的，所以还是要尽可能投其所好。

如果真正了解对方的喜好…… **可以增进人际关系。**

草莓
点心
LOVE

今天有事
约谈的对象……

我们选这家吧。

Cafe
Strawberry

如果不清楚对方的喜好…… **可能会做出有损人际关系的事。**

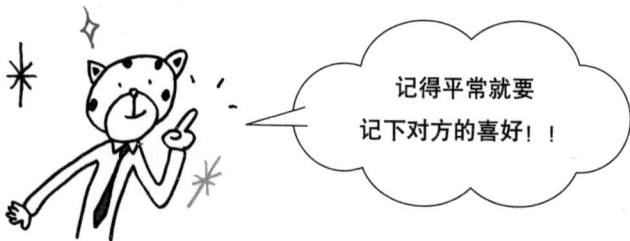

番红花
咖啡厅

好吧。

我们选这家吧。

热咖啡

来两杯

那就……
来杯咖啡吧。

其实我讨厌咖啡……

记得平常就要
记下对方的喜好！！

乐于分享信息的人，能搜集到更多信息

信息是一种有价值的东西。

回想以前准备考试的时候，自己因疏于整理而漏掉了许多重要笔记，此时，他人若能分享自己的信息，无异于雪中送炭。你是否曾向提供资料的朋友，或是愿意借出笔记的同学，表达感谢之意呢？我的同学也曾因此请我喝咖啡或吃午餐。

接下来，轮到你发挥的时候了。世界上有许多免费的信息在流传，譬如当你浏览网页时，可以免费阅读各类新闻。

虽然有许多信息都不错，但是现在信息过多，不可能全部看完，所以大概也会漏掉不少信息。

这就是个机会，当你看到有价值的信息时，可以试着回想向同学借笔记的情景。

当你看到不错的资料，会怎么做呢？会不会舍不得告诉别人呢？会不会因为怕麻烦，就这样置之不理呢？

其实，还是不要保持沉默比较好，**我一定会跟别人分享信息。**

"我正好看到这个消息，说不定你已经知道了，但还是跟你说一声。"

如果这么做的话，别人也会跟你分享信息。

"感谢你提供情报。那你知道另外还有这个消息吗？"

"我已经知道这件事了。关于背后的内情，其实还有……"

如此这般，你会知道更多其他相关信息。

大家都知道信息的价值，只要觉得收到的信息有帮助，多少都愿意反馈。你还觉得要继续保持沉默吗？

我将乐于分享信息的人，称为"**稻秆富翁**"。

你知道稻秆富翁的故事吗——某个穷人把原先仅有的稻秆跟人交换，经过持续地以物易物，他最后成为大富翁。

只要养成分享信息的习惯，你说不定也会成为"稻秆富翁"。如果有这样的一天，请务必记得请我吃午餐喔。

如果主动提供有用的信息…… **自然会汇集更多信息。**

哇喔

传闻A公司，接下来要上市了。

C制药公司的经理，听说只要跟人一聊起孙子，就变得很平易近人！

原来如此！！

听说B公司最近要发表新产品喈。

如果只想独占讯息…… **自己也不会知道更多。**

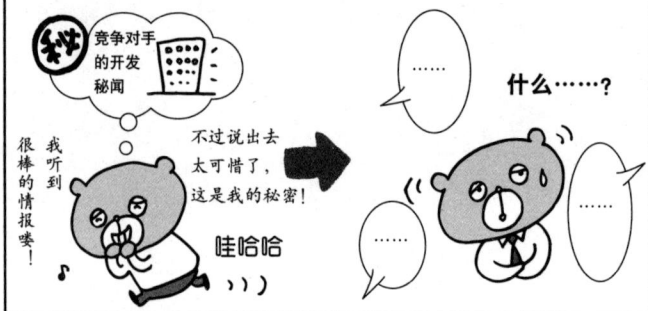

竞争对手的开发秘闻

我听到很棒的情报喂！

不过说出去太可惜了，这是我的秘密！

哇哈哈

……

什么……?

……

……

只要愿意分享信息，你也可以成为"稻秆富翁"！！

如何与难相处的人交往？找个"中间人"

世界上当然不会只有自己喜欢的人事物，所以一定会有"频率不合的人"存在。你是否不知该如何跟这样的人相处呢？

就像去餐厅吃饭的时候，会剩下不喜欢、不想吃的东西。真是没办法啊。（苦笑）如果是吃的东西，或许可以请别人帮忙解决。

其实对于"频率不合的人"，也可以采取同样的方法来应对。**与其一开始就认定对方难以相处、极力排斥，不如找个合得来的人当作中间人。**

譬如我自己讨厌喝牛奶，但说不定有人很喜欢。

想跟不合的人打交道，就交给跟对方合得来的人，遇到不爱喝的牛奶，或许可以试试换一种形式。

讨厌牛奶的人，还是有可能喜欢炖肉？

讨厌牛奶的人，或许可以接受起司？

讨厌牛奶的人，说不定很爱喝酸奶？

所以，对于你不喜欢的人，也可以试着"加工"。就像食物有更好吃的吃法，你也可以找出擅长跟对方相处的人，让他扮演主厨的角色，让那人变得比较容易接近些。

这么一来，你就自然而然能够接受对方了。而且，跟"频率不合的人"的相处时间，感觉就不会那么漫长。

你可以试着计时，究竟花了多少时间跟对方接触？一天或许五分钟、十分钟。当然，如果不得不跟他说一整天的话那又另当别论。如果不需要花那么多时间，那么就想象自己在潜水，憋气忍耐一下就好，就像捏着鼻子一口气把牛奶喝下去一样。

"可是真的很难啊！"如果对方真的这么令你头痛，那就适时鼓励自己一下吧。给自己一点小小的奖励，譬如买一份稍微有点贵、平常舍不得吃的点心。只要跟频率不合的人说过话，就可以犒赏自己一下。

努力跟对方交谈后，你就可以吃一个网红点心或是排队才能买到的知名特产，不然看自己喜欢的漫画书也可以。

如果这样想，说不定就没那么痛苦了。

就算遇到难应付的人，还是可以给自己预留许多乐趣当作奖励，这样你就不会觉得眼前只有痛苦或困难的事情。说不定你也会发现，对方其实不难沟通。

在漫画中，敌人有时不知不觉就变成了朋友……你希望自己是什么样的状况呢？

即使是不知如何应对的人……

只要找到适当的媒介，就会变得容易相处。

是A先生啊……

啊哈哈

就是说嘛　　是啊

如果只想逃避合不来的人……

人际关系无法扩展开来。

是B先生啊……

害怕……

快闪……

啊哈哈

只要改变应对的模式，就能扩展人脉！！

真正的朋友，付出不计较回报

走入社会以后，为别人付出的机会自然增加。

不见得一定是送礼物，在工作上提供协助，也是其中一种方式。

既然是为了对方好，那为什么一定要有回报呢？

这样的想法很危险。

如果你想要得到报酬，那就变成在做生意了。

你给对方巧克力，所以拿到十元钱。

送出糖果，于是得到价值五元的东西。

从经济的角度来看，所有的东西都有价值，于是买卖就这样成立了。

在商场上，自然会要求得到反馈，得到尽可能高于成本的利益。而商业的艺术也在于如何运筹帷幄，获得最大利润。

如果你是在做生意的话，毫无疑问，当然可以期待回报。

但我们一开始不是在谈个人的赠礼或帮助吗？你跟对方并不是在从事商业买卖，所以期待对方回报的心态，相当危险。

请你把手放在胸前，扪心自问自己是否藏着"买卖"的企图？

虽然我重复说过好几次，但还是要再次强调，**人与人之间的交情不是在做生意，所以最好不要期待得到任何回报。**

是的，不要期待任何回报。

出差时买的伴手礼，或是圣诞节送的礼物，都不是投资吧？请回想一下，应该是当时为了表达感谢的心意，所以才要送礼。

当然也会有表达感谢以外的原因，譬如应景的礼物……这在社会上相当寻常。

像这种基于礼貌送出的礼物，我从来不打算送。因为一旦送出去以后，难免会期待收到回礼。

收到这类应景礼物的人，也会觉得自己应该要回送，结果演变成边考量价格边挑选礼物，这实在算不上什么良性循环。

所以，为了每个人着想，我真的建议不要再送这类流于形式的礼物了。

如果不把送礼放在心上，收到回礼时会很惊喜！！

如果总是期待回报，心里会积压许多不满。

适当选择不同称呼，可以提升沟通效果

说到称谓的用法，其实有点难度。

有些人觉得：如果是商业信函，在所有收件人名字后都注明"先生／小姐　敬启"，应该就不会出错吧。名字后面要是什么都不写，看起来会很突兀。

在自己公司内部，不必用"先生／小姐"的称呼。除此之外，冠上"先生"或"小姐"，大致上不会出错。

不过，还是要视状况而定，稍微做些调整。

譬如只见过一次的人，我会使用较慎重的称呼，等距离拉近之后，再改用听起来比较亲切的称呼。请看接下来的例子：

川上彻也先生敬启

川上彻也先生收

是否感觉不太一样了呢？

如果稍微熟悉一点，可以改成"川上先生收"。

更熟的话，取绰号或叫名字也可以，譬如叫他"彻也"。

像这样视情形改变称呼，可以自然表现出双方的熟悉度与距离。

一般来说，为了表示尊重，我们也会把原先熟悉的人，冠上全名或完整的敬称。

也有为公司名称冠上敬称的情形。

说来相当有趣，因为公司属于组织团体的一种，有时候也会被拟人化看待。

请看下列两个例子：

"ASA出版社的书卖得不错。"

"ASA出版社他家的书，卖得好像很好！"

前者只是在分析一个事实，后者则是将出版社拟人化，融入会话中。在语法上当然没有这种用法，但我觉得在对话时加上这种用法无妨。

也有人在自己公司名称前加上"我们家"的说法，这听起来比较随性，不是很正式的用法。

即使只是在名字上加上简短的称呼，就能达到不同的沟通效果，并区分亲疏远近等关系。

对于比较熟悉的人，有时甚至可以拖长尾音，如"川上——"以表示亲切。

各位亲爱的读者们——我也期待你们的感想喔！

依状况使用不同的称谓，会让人觉得熟悉。

不论什么状况都用一样的称呼，感觉有点冷淡。

咔嚓

咔嚓

适当地选择不同称呼，可提升沟通的效果！！

第四章

思维上自律，
人生从此所向披靡

与其花心思找理由，不如想出解决的办法

我自己的主张是：不要找借口。即使说了很多理由，对现状也不会有什么帮助。除了自己不该找借口，也最好不要让其他人找机会辩解。

譬如开会时有人迟到，千万不要问"你为什么迟到？"你不觉得对方的答案很容易猜吗？

"公交车误点了""上个会谈太晚结束""身体不舒服"等。不管答案是什么，都无法改变会议延误的事实。解释得越多，会议就耽搁得越晚。

所以切记不要多问，以免对方开始找理由。对于迟到以外的疏忽也一样，一旦问起原因，只会让对方开始编故事，而且理由一定相当充足。

听人讲借口，不是很浪费时间吗？光是花时间听前

因后果，就会耽误很长时间。

在这样的情况下，应该积极地采取"那么，我们尽快把耽误的进度赶上，会议立刻开始！"这种做法。不要再解释或追究失败的原因，应该思考如何补救才对。

与其花心思找理由，不如想出解决的办法。

找借口其实还挺费功夫的，明明只是睡过头，但讲出来不算理由，所以还得想别的原因，像是公交车误点、家人生病等各种各样的借口……

不过既然要动脑筋的话，不如朝能解决问题的方向去发挥。譬如先拜托同事帮忙救急，或是更改下午的预定行程，先赶上迟到时延误的进度。

一旦意识到"啊，我现在正在想借口"，就要提醒自己：真正该说的只有"真的非常抱歉！"至于像"因为……（借口）"不如改为"那么，……（补救的方案）"，养成这种习惯吧。

找借口是一种消极的思考方式，只是对过去已经发生的事情，找一个比较好的解释。

我们应该更积极地思考，接下来要如何行动，所以根本不需要多加解释。这个原则就从自己先开始实践。

你觉得很难做到吗？或是看不出效果吗？说来说去，不还是借口？（苦笑）那么，请翻到这篇的开头，重新再读一遍吧。

与其解释……　　**不如想想解决方法。**

这下真的要迟到了！

放弃提案 A……

为了补救浪费的时间，必须要……

即使说了原因……　　**还是没有解决问题。**

要讲什么理由呢？

其实只是睡过头。

我家养的鹦鹉忽然死了……

えーと

把找借口所花费的心思，用来解决问题！！

157

要改变拖拉的习惯，最好提前向大家宣布计划

现在不做没关系，反正离截止日期还早。

像这样有点松懈的心态，其实还挺常见的。暂时不急，之后再说吧。结果最后总是慌慌张张，疲于奔命。

因为觉得"随时都可以开始"，所以目前还不想动。

如果真的随时都可以开始，那就现在立刻开始吧。

话虽如此，实际上好像没有想象中那么容易。其实，我写这本书也比预期的进度慢。（汗）

对于习惯拖延的人，有个自我激励的办法。

想改变拖拉的习惯，最好提前向大家宣布自己的计划。

像我会公开说"最近在忙着写书，预计七月底出版"，如果听到亲友们善意的鼓励"好期待哟""好好

加油吧！"就会激发自己"要好好写稿"的斗志。编辑在这方面可以说是高手，只要我交出一部分稿件，就会鼓励我"写得真好！""好有趣！"。听到这些话，我就会觉得："嗯，应该要多写一点。"

减肥也可以用这个方法。只要之前昭告天下说自己要开始减肥，就会有人关心询问你："瘦一点了没？"秘诀就是跟大家分享你的计划，不要默默独自进行。

另外，**把进度的时间表列清楚，定几个分段验收的时间点，效果也相当不错。**

到 × 月 × 日要完成一半，到 × 月 × 日可完成三分之一，到 × 月 × 日会完成十分之一……像这样计算之后，记在自己的行事历或万用手册上。

在计划阶段会预期"这要一个月完成""需要半年"等，如果没有把时间表记下来，时间一过很容易就忘了。如果把验收时间写在行事历上，就可以配合期限逐步完成计划。

准备考试时也一样。因为不可能一口气把整本考题做完，就以一章或十页为单位细分，并定下明确的日期。如果十天要做完三十页，平均一天的目标就是三页，像这种就是可实行的计划。

一旦决定要做什么，最好马上就定计划，并且定出许多检查时间点。同时要参考自己的行程表，如果原本还有其他事情，时间不够，就要稍做调整。决定后，每个时间点一定要记在行程表上。

像这样，没过多久就有一个期限接近了。如果工作的内容很少，感觉比较容易达成。

要是习惯不好，总是拖到期限快到才开始赶工，等于为自己堆起一座又一座的小山。这跟准备考试的原理，其实很相似。

如果想改变拖延的坏习惯……

喔——

计划！要一个月后一定完成这个

加油！

宣布目标

一个礼拜后完成1/4……

| 一 | 二 | 三 | 四 | 五 | 六 | 日 |

ONE WEEK 1/4

★

设定"小期限"

如果放纵自己的惰性……   **进度会大幅延误。**

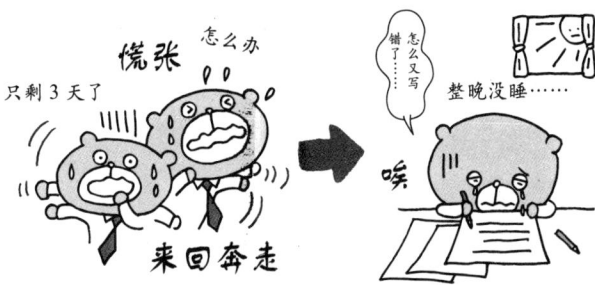

慌张   怎么办

只剩3天了

来回奔走

怎么又写错了……？

整晚没睡……

唉

通过许多小目标，就可以实现大目标！！

缺少主见的人，要练习比他人更快做决定

许多人动不动就附和别人的意见，"我也是！""我也一样！"虽然这是挺常见的状况，但也是个不太好的习惯。

毕竟只是依循别人的说法，虽然轻松，但自己几乎没有思考。

如果发生什么问题或错误，还可以把责任推到别人身上。

其实这个问题也可以通过练习来矫正，方法并不困难。每次跟别人一起吃饭的时候，都可以当成训练的机会。

当大家一起去吃饭，点菜时很容易说："我也一样！"

譬如明明有三种套餐，选来选去竟然都是同一种。除了套餐有三种，餐厅里的菜单其实还有很多变化。

我在用餐时有个习惯，绝对不点跟别人重复的菜色。为了不随便附和别人，所以我这样要求自己。如果从菜单上点菜，就会发现很容易做出不同的选择。

即使跟别人的选择不同，真正要吃这顿饭的人是我，这样做也不会招致埋怨。

如果 A 先生点了炸猪排套餐，那我就选炸鸡套餐。我们总不会为此而起争执吧。

能够独立点菜之后，就要迈向下一个进阶的目标。

那就是，**练习比其他人更快做出决定**。在看菜单时，要比 A 先生或 B 先生都更快说出自己要吃什么。

这种"比别人更快做决定"需要一开始就下定决心，朝这个方向努力。之后就渐渐能比其他人更快提出想法。

因为其他人不会想到跟你比快，所以不会有对手。（笑）

起初或许会因急着做决定而点错东西，但因为是尝试平常没吃过的东西，说不定会点到菜单上意想不到的美食。

先从像点菜这种小地方开始，只要持之以恒，养成习惯以后，不论面对工作或重要的大事，都能靠自己迅速做出决定。

既然这是自己的人生，还是主动做决定、付诸行动比较好。

我目前为止所出的书，也跟市面上大部分的书有些不同，不知道你有没有发现呢？

这本书多少跟其他的书稍微不同。这就是我从"比别人更快点菜"的练习中得到的成果。

如果重复别人的意见，就不会形成自己的特色。你可以先从在餐厅点菜开始，练习发表自己的意见。

别害怕，即使失败了，顶多是吃到不好吃的食物罢了。

不论什么情境…… 都可以练习表达自己的意见。

如果放纵自己的惰性…… 就更不会用脑袋思考了。

先在一些失败也无妨的场合，练习自己做决定！！

与其怪罪别人，不如从自己身上找原因

因为我没有错，所以错的是别人。

只要怪别人，自己就不必负责任，落得轻松。也不用去思考问题发生的原因，结果实际上什么都没有解决。

如果意识到这种状况，我会回归到"这是我自己造成的"。

如果遇到大雪造成公车误点，那是谁的错？是天气的错？还是公交系统的错？

都不是。是我自己没看天气预报，没有先想好应对的办法。

以此类推，如果是陷入交通堵塞的状况，要怪的不是交通，而是自己没有掌握好时间，提早出门。

不论什么问题，仔细想想，其实都有办法靠自己解决。

请你也好好思考，想想自己能做些什么。或许光是这么做，仍无法解决问题，但与其怪罪别人，这样的思考可能还比较有开创性。

譬如，北极熊的栖息地日渐减少，这是由于北极的冰层减少所造成的。可是我又没有直接让北极的冰融化，也没去过北极。

但是我可以转而思考"北极的冰为什么会融化？"那是地球暖化造成的，我所能做的就是改乘公共交通工具、减少浪费电，或许这样会对减缓地球暖化有帮助。

即使不是全球规模的大事，道理也是一样。如果约谈对象迟到了，按照一般的逻辑，这是对方的错……（笑）

但也说不定。试想：如果你事先提供一份简单易懂的地图，说不定对方就不会迟到了。或是如果先问了对方的手机号码，就可以实时联络，或是提醒会面的时间。

把过错推给别人，很顺理成章。我能理解这种想法，但是这样并不能解决问题，只是在等对方解决问题而已。

如果对方没有想办法解决问题，那么问题只会一直搁置下去。

如果有人经常迟到，与其总是等待这个人改变，不如一起思考有什么办法改变现状，这样恐怕能早点解决问题。

尽管这么说，有时还是不免会怪罪别人。如果这本书读起来好像不怎么有趣，那就是读者的问题……开玩笑的。（笑）

应该是我自己写作能力不足啦。

把问题当作自己分内的责任…… **就能降低再次失败的可能性。**

如果把问题都推给别人…… **只会一直重复失败，自己也不会成长。**

如果只会怪别人，
问题不会解决喔！！

担忧未来的人，可以先做准备而不是陷入焦虑

有不少人爱操心，我自己以前也是。上课时如果铅笔掉到地上，就会觉得："糟了，今天的运气可能不太好，怎么办……"要是橡皮擦掉了，也会担心："哇！难道今天有什么坏事要发生！"现在回想起来简直不可思议，但以前的确常往坏处想。

你一定觉得很好笑吧。铅笔也好，橡皮擦也好，它们就算掉到地上，也跟我的命运毫无关联。但是对于习惯操心的人，这些小事就够让人烦恼了。

容易操心的人，一旦开始烦恼就停不下来。这个也要担心，那个也要担心，什么事都要担心。

你所担心的事情，只存在于现实以外的未来。虽然要怎么想象，是个人的自由，但如果因为想象给自己徒增

许多压力，那还是赶快停下来吧。

譬如想象情人提出分手……然后觉得很沮丧。或是担心被裁员，因此惊慌失措。这些实在没什么意义。不如等到事实发生后，再去承受压力吧。

想象现实中还没有发生的事情，自寻烦恼，这样到底有什么意义呢？

我们实在没有必要为想象而困扰。举例来说，这跟忧虑"天上有雷神，他一发怒就非常可怕……"的层次大概差不多。

既然只是脑中的一种想象，就不要让想象过度延伸。请丢掉这个习惯吧。

首先，试着把你的忧虑写出来，然后评估它发生的可能性。接下来，试着写下解决方法。这么一来，你会意外发现：原来这些问题都有办法解决，而且发生的机率也不高。如果你还是担心，可以问问周遭的人，或许可能性比你想得还要低。

为了避免将来发生的危机，先做准备非常重要，但担心却是毫无意义的。

闪电打雷并不是因为雷神发怒，而是因为云层间产生的电释放出来，被击中很危险。所以要避免接触金属、或是尽量不要停留在高处。与其为小孩佩戴护身符，不如教导他们"下雷雨时最好穿雨衣，不要带雨伞"这类对策。

你一定明白，雷神不会真的出现吧。但你担心的许多事情，其实都跟"雷神发怒"的道理相通。

"可是雷神是雷神，我想见的是自己的偶像呀"……啊，那就不是想象的烦恼，而是妄想了。（笑）

试着写出令你担心的事情……　**会意外发现许多解决方法。**

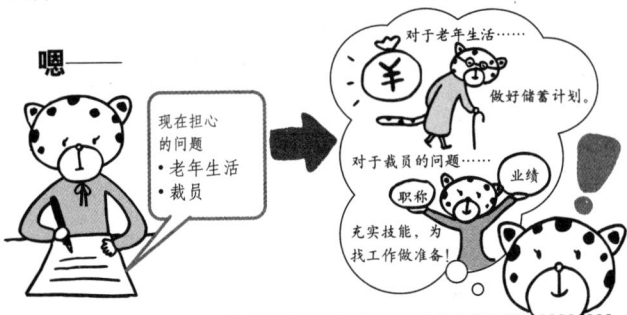

嗯——

现在担心
的问题
•老年生活
•裁员

对于老年生活……
做好储蓄计划。

对于裁员的问题……
职称　业绩
充实技能，为
找工作做准备!

如果一直担心各种问题……　**会累积巨大的压力。**

被开除

怎么办……

失恋

呜

压力

先做准备很重要，
但担心却是毫无意义的!!

173

与其跟他人比较，不如跟过去的自己较劲

很多热心教育的妈妈，经常爱跟人比较，像是"那孩子数学不错""不过我们家小孩的记忆力也蛮好"。

想跟他人比较的原因在于求心安。比较之后，究竟是跟别人一样呢，还是更好呢，借由透过他人寻求安心的指标。

但尽管比较过，还是没有太大意义。为什么呢？因为只要环境或时间一改变，比较的对象也就完全不同了。就像自己的孩子以前的数学成绩比某同学好，但是强中自有强中手，就算那时比某个人好，也不能代表什么。

自己只不过是想确认仍占优势，为了求心安而跟人比较。如果真是如此，请不要将别人当作假想敌，应该将过去的自己作为比较对象。

也就是在做一件事时，**相对比较自己过去的表现就好**。根本不需要以他人为目标，而且所谓的相对比较并不难，只是跟过去的自己衡量而已。

跟过去的自己相比，应该比较容易吧。譬如现在的工作是否比以前好、现在能不能花较少的时间完成工作、自己是否比过去更用心等。

如果比过去的自己稍微进步，表示有所成长，就可以放心了。

如果跟以前的自己差不多，证实没有退步，也请不必担心。

不过，如果你是不论如何都要跟别人较量的人，那就遵照自己的战斗本能吧。这跟寻求安全感的类型完全不同，只要一跟人竞争，斗志就雄雄燃烧起来。对于好胜类型的人，**我建议以两种指标来决胜负。所以要跟人比较时，就不纯粹只是跟人较劲，别忘了"以不同标准决胜负"**。

首先决定要以哪种标准来比较。如果是商品的话，通常会考虑价格跟质量，就以这两者为轴线来决胜负。

除了跟对手的强项比较，同时也要跟对方的弱点比较，这样就可以知道自己跟对方相比，是否占有优势。

以单一标准竞争很激烈，但以两条轴线相比较，更容易发觉两者的差别。

就以这本书为例，如果要跟其他类似的书籍比较，其中一条轴线是帮助大家渐渐改变坏习惯，而另外一条轴线是什么，你发现了吗？

就是能让人轻松反复阅读的文章和插图。

所以表面上看起来和平共存的书，其实也充满竞争与比较呢。

与其跟人比较，不如……

新人时期

我的技能有进步吗？
热情呢？

C先生
比较有魄力

但我比较细心！

或者

跟"过去的自己"比较

以不同标准决胜负！！

即使跟其他人相比……　如果没有继续努力，根本没有意义。

比我帅

M先生

比我笨拙

K君

反正我比K君强……
可以啦！

呵

跟"过去的自己"
比较吧！！

压力快要"爆表"时，可以试着多走动

你身边是否有人常说别人的坏话？

你喜欢这样的人，还是讨厌这样的人？

遇到这个人时，你的心情会变好，还是变坏？

答案应该可想而知吧。

不过无论如何，总有想抱怨的时候。

当你忍不住想说别人坏话的时候，表示自己的压力已经累积到一定程度，这是个信号。

随着压力逐渐累积，坏话也可能脱口而出，**但是说坏话无法减轻压力。**

而且，说坏话既不能改变对方，自己也不会有任何转变。

明明知道毫无建设性，但是只要压力太大，无心之言很容易就说出口。这些话往往会使得人际关系复杂化，造成负面的影响，结果恐怕会带来更多的压力，所以最好尽可能戒掉这个习惯。

那么，忍不住想骂人的时候，究竟应该怎么办呢？

我自己消除压力的秘诀是多走路。咦？这是真的吗？当然！其实只要多活动，就能改变焦躁不安的心情。

遇到上司或客户提出不合理的要求，工作进展不顺利等令人感到烦躁的状况，若是不及时减压，连其他工作也会受到影响。

此时，我会在公司内部走动，或是借着买东西等各种机会外出，这很有帮助。

有次我突然有事要去较远的地方办事，因此发现了这个秘诀。途中，我发现原本"忍不住想抱怨"的怒气渐渐消失，感觉"啊，不知不觉间，心情变轻松了！"

其实这个秘诀在脑科学中是有根据的。我自从无意间发现这个方法，就一直有持续走路的习惯。

如果无论如何都想发怒，边走边碎碎念也可以，**最重要的就是一直走到息怒为止。**要是办完正事还是觉得不愉快，那就再走下去吧。

想说别人的坏话是压力的信号，在这样的时刻，请先稍微活动一下身体。

　　这样一来，这些压力或怨言的循环，就会在你这里终止。

感觉到压力累积……　　多走路，心情就会变好。

愤怒

不安　　　　烦躁

压力一直累积……　　造成怨言四起的恶性循环。

愤怒

不安　　　　烦躁

都怪上司
太无能。

好恶劣！

哎呀

如果觉得烦躁，
那就多走路吧！！

认定自己不行之前，先试着行动

"我真是没用啊……"这样想着，于是慢慢就失去了动力。

好不容易机会降临，却使不上力。当我们在看体育比赛时，总会看着选手心想："加油吧！"但是轮到自己时，却一筹莫展……很多人应该都有这样的经验吧？

让我们来分析运动员的状况吧。他们拼尽全力，想要好好表现。但是失败的结果其实占了大部分。**即使铃木一朗[1]的打击率高达三成，但从另一个角度来看，他打不到的球也占了七成。**

是吗？如果这样思考，面对失败，虽然觉得自己很

---

1. 日本传奇棒球运动员。

没用，但好像也没那么无可救药。

尽管有七成的球无法掌握，铃木一朗还是每天站在打击位置上，他一定不会把自己想成"失败者"。

即使面对失败，他也不会否定自己，就此放弃。他一定会想着下次如何把球打好，让球队迈向胜利，并且不断反复练习。

只要想到即使像铃木一朗那么优秀的球员，失败率也有七成。当你遇到挫折，是否应该要继续努力尝试呢？其实最糟糕的不是失败者，而是逃避者，是那种什么事都不愿意做，完全不想动的人。

"没有行动"和"没有失败"可不是同义词。因为没有尝试的人，不可能把事情做好。就像在足球赛中，要是不踢球，就没机会射门得分。既然明知如此，那为什么不采取行动呢？

人在什么时候会觉得自己没用呢？应该是怯懦而不想动的时候吧。想通之后，就知道要引以为鉴，多加尝试，尽可能多踏出一步。即使对自己感到失望，无论如何就是要行动。

尽管如此，有时候就是缺少自信，心中充满畏惧……

如果碰到这样的状况，请诚实向他人寻求援助。坦承自己可能会失败，接下来请多帮忙，等等。

不要一个人独自烦恼，无论是工作还是私生活，都可以拜托周遭的人帮忙。

在这个世界上，没有任何商品或服务是由一个人独立创造出来的，都是集合众人的力量产生的。

当你觉得"不行了"的时候，一定有人能帮忙解围，总会有人伸出援手。

只要你开始尝试，就不会孤单。

即使失败，只要继续行动，就会成长。

最糟的是因为不想失败，而不采取任何行动。

"没有行动"和"没有失败"，
是完全不同的两件事喔！！

怯场不是没胆量，而是上场的经历不足

最近我变得不太会怯场，好像是习惯了的缘故。刚开始每个人都会紧张，只不过有些人最终习惯了。

只要多经历几次，表现渐渐就会自然了。

职业运动员都经历过大场面，所以在这方面表现良好。跟他们相比，在十人或一百人面前说话，只是小意思而已。

其实只要习惯了就好。可是……如果没有机会登上大舞台，又该怎么办呢？

这个嘛，你就要从平常开始练习，成为众人注目的焦点。

方法非常简单，只要看电视的体育比赛就可以练习。

无论是足球、花式滑冰、游泳，哪种都可以。**一边**

想象自己就是比赛中的选手，一边看比赛。

这样一来，就会产生临场感。然后想象你正接受记者采访的画面，这些都是利用画面进行的训练。

你可以想象自己是铃木一朗或是安藤美姬[1]，并沉浸在胜利的滋味与场边欢腾的盛况中……请尽量发挥想象力，融入画面。

当你听到记者的问题时，请试着回答，想象自己正在接受采访。

好啦，最紧张的部分已经结束了。不过你还有别的功课，接下来是复习的部分。

请回想刚才的场景，将运动员发表的感想重述一遍。

在熟悉接受访问之后，接下来是实践。如果你要在很多人面前演说，干脆把规模扩大，想象自己正受到全世界的注目。

只要经历过这种练习，无论你站上怎样的舞台，都会觉得："哎呀，其实人不多嘛。"

---

1. 日本知名花样滑冰运动员。

其实你缺乏的不是胆量，而是累积上场的次数。

即使是练习，多少会觉得紧张而不想登场吧。这就是训练有效的原因。

目前正在众人面前侃侃而谈的前辈，或是某位明星球员，在刚开始的时候，其实并不像现在这么耀眼，这你应该明白吧。

所以，就像想象中的画面一样，你一定也可以做到。

反复想象自己登上大舞台的画面…… **渐渐就不会再怯场。**

紧张

如果不事先揣摩…… **正式场合容易表现失常。**

人 人

呃——

什么?

先通过模拟想象，

熟悉大场面！！

189

与其刻意迎合他人，不如替对方着想

人难免会在意别人的眼光。当然如果你不在意的话，这篇跳过不读也没什么关系……（笑）

或许真的有少数人没什么感觉吧，不过大多数人还是在意旁人的感受的。

为什么我们会在乎别人的观感呢？

说穿了，还是希望能被人喜欢吧。因为希望得到其他人的好感，变得疲于迎合他人……不过，这样是不对的。

即使费尽心思讨好别人，也不一定能得到认同。

为了对方好，应该要清楚传达自己的意见。如果只是迎合别人，就不会产生想法上的激荡。要是你认真思考过，就知道不应该只是顺着对方，也要提供意见。

如果想好好就事论事，就不需要凡事盲从，应该提出中肯的建议：譬如"可能不妥""如果这样会不会更好？"如此一来才会真正对别人有帮助。如果你这样想，就会明白，与其刻意迎合对方，不如适当地提供意见。

即使明白这个道理，但由于你担心会产生摩擦，实践上还是有困难。所以我要教大家一种说法，可避免引起冲突，那就是：

"大致上应该没问题，不过我有点担心……"

说完之后，观察对方的反应。接下来很重要的一点是，不要自己继续发言，要等到对方询问你的意见，再开始说。

譬如"你应该知道吧？也发生过这样的例子……""如果遇到这种状况……"等。

"大致上应该没问题"这句话，隐约传达出"我想你一定考虑过"的意思。

接下来的"我有点担心……"就不只是在陈述意见，也表现出"我在为你着想"的心情。

就算你坚持己见，但如果对方听不进去，结果就跟没说一样。所以你只要提醒对方就好。这样一来，就不一定要透过争执才能达到效果。

要求经常顺应别人的人试着争辩，多少有些勉强，因为他们个性比较温和。

因此，你不需要刻意迎合别人，只要为对方着想就好。

不需要刻意迎合对方…… **可以提出建议。**

我觉得S小姐应该没问题，不过……

有些事我倒有点担心。

嗯，是什么呢？

如果过于讨好别人…… **无论对自己还是对方，都不是好事。**

嗯？我觉得有点……

真的。

不错吧？

果然，我的品味真是一流呀！

不需要刻意迎合别人，只要真正为对方着想就好！！

不敢说"不"，压力反而更大

"抱歉，没办法""不好意思"，有时候总会碰到必须拒绝别人的场合。

这种情形很常见，但是在社会中，为了避免得罪人，拒绝的话很容易变得说不出口，于是压力也越来越大。

我自己在接受别人委托时，只要觉得勉强，**就会当场推辞，回答："对不起！"**

尤其注意不要通过电子信息回复，重点是要当场回绝。与其考量是否能妥善传达自己的意思，或是担心对方的想法，都不如"尽快决定"来得重要。

请试着冷静思考。在这个世界上，有各种各样的替代方案。即使不用 A 品牌的计算机，也可以用 N 品牌的产品。如果不用 A 公司的手机，也可以选择 S 公司的产品。

是的，就算你不能帮忙，还有其他人可以帮得上忙。跟你所想的不一样，有些事不是只有你能胜任。

我也是一样。就这本书来说，并不是只有我能执笔，换成别的作者说不定也能完成。这个世界就是这样运转的。

即使是拒绝别人，如果还能提供别的办法，对方就不会那么困扰。

只是拒绝一定要趁早！

就好比在约会途中，电车因故障停驶了。如果及早知道，就可以改乘其他交通工具，譬如乘公交车或出租车到达目的地。总会有其他替代方案。

最怕没有足够的时间。总不能包一架直升机，或是从口袋里拿出任意门，没有人能准备这种东西。尤其缺乏实际可行的方案时，最令人困扰。

反过来看，如果换成是自己找人帮忙，到最后阶段才被拒绝，你一定会觉得很困扰吧？

如果可以的话，尽可能帮对方想出替代方案吧。

譬如，如果我自己不能接受采访的话，就会介绍其他适合访问的对象。只要自己提出可行的建议，就会觉得比较容易拒绝，对方也能接受。

如果被自己喜欢的对象拒绝，听到"不行！""不可能！"一定会大受打击。可是及早知道的话，就能为新的恋爱做准备。

如果拒绝⋯⋯

要迅速

如果有替代方案，也还 OK。

要是迟迟拖延，不敢说"不"⋯⋯　会造成大家的困扰。

期限前一天⋯⋯

回绝的要点是
"迅速"与
"提出代替的解决方案"！！

与其纠结过去，不如把焦点放在未来

"啊，如果当时这样就好了……"

很多人都会这样想，觉得后悔。其实我自己以前也很容易懊悔，而且常犹豫不决。（笑）

不过，当我明白这种想法根本无济于事之后，就不再想过去的事了。

我现在的习惯完全相反，改成反复思考未来的事情。

如果在这个阶段失败的话，要怎么办呢？（想了又想）

万一对方的反应是这样，我要怎么办？（想了再想）

计划要是横生枝节，接下来要怎么办？（继续想……）

还是同样想个不停呀。（苦笑）

反复犹豫的思考方式是无法改变的。

但是换个角度，想得多并不是什么坏事。反过来看，也可以说这种人具有深思熟虑的优点。

只不过总想着过去的事情，也派不上什么用场，又不能搭乘时光机，返回从前。回想过去没有意义，因为已经无法改变什么。

但是如果计划可以改变的未来，反复思考就有正面的意义。

人只能考虑一件事情，所以在思考未来的时候，就不会再烦恼过去。

如果意识到自己正在后悔过去的事情，就试着把思虑转移到将来。只要稍加练习，很容易就能办到。

我们也不会因为忙着策划未来，就停止反省过去。

因为人们都是参考自己目前累积的经验与知识来进行思考的，因此在思索未来时，会调用过去的经验。

所以，千万不要把思考的焦点放在过去，而要放在未来，而且这一样也能达到反省的效果。

只是请注意，千万不要只描绘出悲观的未来。如果对未来的思考太负面，会感受到极大的压力。

譬如担心流年不利，发生一些不好的事情怎么办等，这是没有根据也毫无意义的事情。如果遇到诸事不顺，压力很大时，再想大概是因为今年运势不佳，倒是蛮不错的解释。不需要从现在就开始担忧，自寻烦恼。

请你也一起试着反复构筑美好的未来吧。

如果自己的个性就是想很多……　那就为将来能改变的事情烦心吧。

万一简报失败，

嗯——

要是计划遇到障碍，

怎么办？

如何解决？

不论多么烦恼过去的事情……　什么都无法改变。

当时要是那样的话……

沮丧…

还有那个时候也是……

如果真的忍不住要想，那就思考未来的事吧！！

哇……

好厉害呀……

很羡慕猎豹。

我其实，也想变得像他一样。

所以……

那些过去不知不觉养成的
坏习惯……

趁现在，
我要通通丢掉！

嗯！！

有时候觉得这样
好累……

点头

但还是慢慢
坚持下去!

于是……

我已经变得跟以前
不一样喽！

耀眼

结语
你掌握住改变的契机了吗？

这本书以"丢掉坏习惯，轻松养成好习惯"为目标，编写时搭配了许多插图。我很高兴负责撰写内容，不知不觉终于进行到"结语"的部分了。当我写到这里时，已是半夜两点了。

从一开始下笔，我就想写出"能让大家看得很愉快的书"。

想要丢掉已经养成的习惯非常困难，自己的坏习惯被人指责，感觉也不怎么舒服，读这类型的书很容易让人觉得心情沉重。

所以我们配上很多可爱动物的插图，希望能让大家轻松愉快地反复阅读。

当你读到这一页，你手边的这本书，是不是已贴上许多便利贴，标示出"想要丢掉的习惯"了呢？

在前言的部分我曾提到过，习惯很难立刻改变。即使马上想改，通常很容易就故态复萌。

不过，没关系。

当你觉得懊恼"啊，又犯了……"的时候，记得从书架上把这本书拿下来，重新再读一次。

希望这本书能成为你改变的契机。即使不停重蹈覆辙，可能要尝试许多次，你还是可以养成好习惯。

一个人或许没有足够的力量改变环境，但你可以试着改变自己的观念，当想法变了，眼中的世界也会开始不一样。

我希望这个世界会变得更美好，更多人能养成积极、有效率的好习惯。

因此，改变观念就变得非常重要。

正在读这本书的你，应该也会养成好习惯吧。

只要多一个人的想法改变，这个世界就会一点点改变。要是有很多的"一点点"扩散开来，这个世界应该会变得更好。让我们一起创造更优质的环境吧。

只有你自己，才能真正掌握你每天的生活。

最后也要在此，向一路支持鼓励我的朋友们致谢。

借着这个机会，我想好好说声谢谢。

想要改变习惯，周遭人们的协助非常重要。这本书也一样，靠着家人朋友的支持，终于一点一滴，渐渐进行到尾声了。

接下来，要由读者来决定这本书的价值，也就是此时正在阅读的你。谢谢你选择了这本书，并且一路读到这里。

诚心感谢大家。

美崎荣一郎